DAVID ROSE

GUANTÁNAMO BAY

AMERIKAS KRIEG
GEGEN DIE
MENSCHENRECHTE

Aus dem Englischen von
Ulrich Enderwitz und Monika Noll

S. FISCHER

Die englische Originalausgabe erscheint im Oktober 2004 unter
dem Titel »Guantánamo. America's War on Human Rights«
im Verlag Faber and Faber, London.

Copyright © David Rose 2004
Für die deutsche Ausgabe:
© S.Fischer Verlag GmbH, Frankfurt am Main 2004
Alle Rechte vorbehalten
Satz: Fotosatz Otto Gutfreund GmbH, Darmstadt
Druck und Bindung: Clausen & Bosse, Leck
Printed in Germany
ISBN 3-10-066300-4

Für Carolyn

INHALT

EINLEITUNG

ANKLÄGER JACKSON: Schutzhaft bedeutete, dass Sie
auch Leute in Gewahrsam nahmen, die noch kein Verbrechen begangen hatten, von welchen Sie jedoch annahmen,
dass sie möglicherweise ein Verbrechen begehen konnten?
GÖRING: Jawohl. Es sind Leute verhaftet worden, die noch
kein Verbrechen begangen haben, von denen man es aber
erwarten konnte, wenn sie in Freiheit blieben ... der
ursprüngliche Zweck, weshalb zunächst die Lager kamen,
war die Aufnahme der vorhandenen Staatsfeinde, die wir
als solche betrachteten, mit Recht betrachteten.
Der Nürnberger Prozess: Vierundachtzigster Tag. Montag,
18. März 1946

Die Militärmaschine, in der Asif Iqbal und Shafiq Rasul
saßen – angekettet an eine Bank, durchnässt vom eigenen
Urin, mit Ohrenschützern und Arztmasken und unfähig,
auch nur irgendetwas zu sehen –, landete am 14. Januar
2002 auf dem amerikanischen Flugplatz in Guantánamo
Bay auf Kuba. Die beiden Männer, die fünf Monate zuvor
ihre britische Heimatstadt verlassen hatten und nach Pakistan gereist waren, um dort Iqbals Hochzeit zu feiern, hatten bereits ein Massaker überlebt, das die Privatarmee des
afghanischen Warlords Raschid Dostum, der sie zuerst in
die Hände fielen, an ihren Gefangenen verübte, und waren
völlig verdreckt und halb verhungert. Während der ganzen
langen Dauer ihres scheinbar endlosen Fluges blieben sie in
Unkenntnis ihres Bestimmungsortes. Der restlichen Welt indessen war sein Name seit kurzer Zeit wohl bekannt.

Die erste Gruppe angeblicher Taliban- und Al-Qaida-
Gefangener aus dem afghanischen Kandahar war drei Tage
früher im Gefängnislager Guantánamo – GTMO oder

»Gitmo«, wie man beim US-Militär meistens sagt – eingetroffen. In der Woche davor hatten Marineinfanteristen in mühseliger Arbeit ihr Behelfsgefängnis Camp X-Ray errichtet: zwölf Reihen mit Maschendrahtkäfigen ohne jeden Schutz gegen Wind und Wetter, umschlossen von einem Zaun aus NATO-Draht. Bei ihrer Ankunft wurden die Häftlinge in den Zellenkomplex geführt und dort fotografiert, während sie auf ihre Abfertigung warteten. Gefesselt mit Hand- und Fußschellen, gekleidet in orangegelbe Overalls und immer noch ausgestattet mit schwarzer Schutzbrille, Arztmaske, Ohrenschützern und festgeklebten Handschuhen, die sie vor Beginn ihres 27-stündigen Fluges anziehen mussten, knieten die Häftlinge im Staub von Gitmo, während Soldaten mit Bürstenschnitt in drohender Haltung neben ihnen stehen. Schon wenige Tage später bereute US-Verteidigungsminister Donald Rumsfeld, dass er diese Fotos freigegeben hatte; es war, wie er sagte, »wahrscheinlich ein bedauerlicher Fehler«. Die Schlagzeile, die der konservative britische *Daily Mirror* den Fotos beigab, steht beispielhaft für die Reaktionen im Ausland. Sie bestand aus einem einzigen Wort: »FOLTER!«

Die Fotos vermittelten den Eindruck von Angst und Entmenschlichung, und diese Botschaft wurde noch unterstrichen durch die Kommentare jener Männer, die die Wachmannschaften in Gitmo befehligten. Die Gefangenen, so erklärte General Richard E. Myers, Chef des Vereinigten Generalstabs, müssten diesen Zwangsmaßnahmen unbedingt unterworfen werden, denn sie seien so gefährlich und vernichtungsbesessen, dass sie, gäbe man ihnen nur die kleinste Chance, »hydraulische Leitungen im Heck einer C-17 durchbeißen würden, um sie zum Absturz zu bringen«. Die Logik war unmissverständlich. Osama bin Laden, der ungreifbare Al-Qaida-Führer, mochte zwar immer noch auf freiem Fuß sein, aber hier waren einige seiner wichtigsten Stellvertreter, Männer, die direkte Mitverantwortung für die Anschläge vom 11. September 2001 auf New York und Washington trugen. Obgleich man sie in Afghanistan, einem Land, in dem Amerika Krieg führte, gefangen genommen hatte, dekretierte Rumsfeld, sie seien juristisch nicht als Kriegsgefangene, sondern als »unrechtmäßige Kämpfer« zu betrachten. Als solche »haben sie keinerlei Rechte im Sinne der Genfer Konventionen«. Da sie als ausländische Staatsbürger außerhalb der Vereinigten Staaten festgehalten würden, könnten sie sich überdies an kein amerikanisches Gericht wenden. Das Pentagon schien absolute Macht über sie zu haben. Zu gegebener Zeit sollten einige der Gefangenen vor ein Militärtribunal gestellt und letztlich zum Tode verurteilt werden.

Als Individuen hatten die Gefangenen aufgehört zu existieren. Ein Reporter fragte Rumsfeld, ob irgendwelche bekannten Topterroristen unter ihnen seien. Der Verteidigungsminister erwiderte, er habe keine Ahnung: »Ich weiß nicht mal ihre Namen.«

Die wenigen Journalisten, die die Ankunft der ersten Häftlinge und später auch der zweiten Gruppe, zu der Iqbal und Rasul gehörten, auf Kuba miterlebten, wurden auf Distanz gehalten. »Einzeln, mit Handschellen und Gesichtsmaske, trafen die ersten 20 von vielleicht bis zu 2000 Taliban- und Al-Qaida-Gefangenen am Freitag auf diesem brütend heißen Außenposten des US-Militärs ein – auf den Tag genau vier Monate nach den Anschlägen vom 11. September«, so beschrieb es Carol Rosenberg vom *Miami Herald*, die im ersten Jahr zur eifrigsten Chronistin von Guantánamo wurde. »Das Militär überließ nichts dem Zufall. Sie umstellten das Flugzeug auf der westlichen Seite dieses lang gestreckten Stützpunktes mit Marinesoldaten auf Humvees, die teils mit Raketenwerfern, teils mit schweren Maschinengewehren ausgerüstet waren. In der Luft kreiste ein Marinehubschrauber, ein Huey, an dessen offener Seite ein Bordschütze saß.«

Diese Vorsichtsmaßnahmen seien unerlässlich, so teilte Michael Lehnert, Brigadier General der Marine, den Reportern mit, kurz bevor die Maschine mit den Häftlingen den Boden berührte: »Dies sind die schlimmsten Elemente der Al Qaida und der Taliban. Wir haben zuerst die Oberschurken angefordert.« In einigen Zeitungsberichten wurde die etwas unglaubhafte Behauptung aufgestellt, die Gefangenen hätten beim Verlassen des Flugzeugs mit ihren Bewachern gerungen. Rosenberg zitiert Major Steve Cox, der dies zurückwies: »Nein, ganz im Gegenteil. Sie waren unsicher auf den Beinen und desorientiert.« Cox erklärte, die Schutzbrillen seien »aus Sicherheitsgründen« geschwärzt worden, und die Arztmasken sollten ihre Bewacher vor Ansteckung mit Tuberkulose schützen.

Dann beschrieb Rosenberg das neue Zuhause der Häftlinge in Camp X-Ray: »Jeder der Männer sitzt in einer Einzelzelle mit einer Matte auf dem Betonfußboden und einem Eimer, in den er sich erleichtern kann. Der Lagerleiter sagte, wenn es nötig sei, würden MPs [Militärpolizisten] sie einzeln zur Latrine bringen; er räumte auch ein, dass manche nass werden, wenn es regnet. Andere Gegenstände, die sie erhalten werden und die Cox als ›Extras‹ bezeichnete, sind: zwei Handtücher, von denen eines als Badehandtuch, das andere als Gebetsteppich dienen soll; Zahnpasta und Zahnbürste; Seife und Shampoo sowie Badesandalen. ›Sie bekommen die zwei Handtücher, aber keine Decke‹, sagte der Major.«

Lehnert erzählte Rosenberg, die Häftlinge könnten ungehindert ihre Religion ausüben und bekämen Essen, das halal sei, ohne Schweinefleisch. Sie konnte sich eine Mahlzeit ansehen: »Ein vakuumverpacktes Gemüse/Nudel-Gericht und dazu ein Päckchen Erdnüsse, ein Müsliriegel und eine Packung Froot-Loops.«

Kein einziger Reporter hat die Erlaubnis erhalten, mit den Gefangenen in Guantánamo zu sprechen, und die paar, die es versucht haben, wurden auf schnellstem Wege aus dem Lager entfernt. Erst viele Monate später, als einige Häftlinge auf freiem Fuß waren, erhielt man endlich eine Schilderung der Reise nach Guantánamo aus ihrer Sicht. Iqbal und Rasul, beide Anfang zwanzig, waren in Tipton, einer kleinen Industriestadt in den britischen West Midlands, geboren und aufgewachsen. Nachdem sie mehr als zwei Jahre auf Kuba verbracht hatten und etwa 200-mal verhört worden waren, betrachtete man sie schließlich doch nicht als Vertreter der schlimmsten Elemente von Al Qaida und schickte sie im März 2003 in ihr Heimatland zurück.

Vor ihrem Abflug nach Kuba, so erzählten sie mir, seien sie in Kandahar schon in aller Frühe aus ihrem Zelt geholt worden. Man schnitt ihre Kleidung auf und schor ihnen Bart und Kopfhaar mit einer elektrischen Haarschneidemaschine. Dann mussten sie sich, nackt wie sie waren, hinhocken, während ein Soldat eine Rektaluntersuchung vornahm. »Er benutzte keine Gleitcreme«, sagte Iqbal. »Es war schmerzhaft und demütigend.« Danach steckte man sie in ihre Overalls, fesselte ihnen die Hände mit Handschellen und zog ihnen Handschuhe über, die mit einem Spezialklebeband am Handgelenk festgeklebt wurden. »Es war wie im Backofen«, sagte Rasul. »Sie brachten uns nach draußen, wo wir uns auf Kies in die Sonne setzen mussten, während sie jeden genauso abfertigten – etwa zehn Stunden lang.«

Die ganze Zeit über, sagten beide, habe man ihnen kein Wasser gegeben. Ein paar Minuten, bevor sie in die Maschine verfrachtet wurden, erhielten sie eine der Fertigmahlzeiten, die auch die Soldaten bekamen. Aber diese von einem Plastiktablett zu essen, wie man es im Flugzeug bekommt, ohne Besteck, die Hände in Handschuhen und Fesseln – das war nicht leicht. »Ich versuchte, mich drüberzubeugen und wie ein Tier zu essen«, sagte Iqbal. Ihre Handschellen wurden an einem Koppel und an Fußschellen

13

befestigt, eine Kombination, die ihnen in der Folge sehr vertraut wurde und die sie schließlich als »Dreiteiler« bezeichneten. Rasuk erzählte, er habe darüber geklagt, dass seine Ketten zu eng seien, aber der Bewacher erwiderte: »Du wirst's überleben.«

Unmittelbar bevor sie an Bord der Maschine gingen, wurden ihnen die Masken, Ohrenschützer und Schutzbrillen angelegt. Unterwegs erhielten sie ein Sandwich, aber es gab keine Möglichkeit, die Fesseln loszuwerden, um zur Toilette zu gehen. »Die Leute machten sich eben in die Hosen«, sagte Iqbal. Die einzige Pause war eine zweistündige Zwischenlandung auf einem amerikanischen Stützpunkt in der Türkei. Blind und taub, wie er war, so berichtete Rasul, »machte mir nur eine einzige Sache wirklich Sorgen: dass ich heftige Schmerzen hatte. Die Bewacher sagten, ich solle schlafen, aber das Koppel grub sich in meine Seite. Als ich schließlich auf Kuba ankam, merkte ich, dass ich blutete. Sechs Monate lang hatte ich kein Gefühl in den Händen.«

Als die Türen des Flugzeugs sich öffneten, hatte man ihnen noch immer nicht gesagt, wohin sie flogen. »Ich wusste nur«, sagte Rasul, »dass ich irgendwo war, wo es wahnsinnig heiß ist. Eine amerikanische Stimme rief: ›Ich bin Sergeant XY von den US-Marines, ihr seid am Ziel.‹« Der Flugplatz von Gitmo liegt knapp fünf Kilometer vom Gefangenenlager entfernt, aber man muss mit der Fähre auf die andere Seite der Bucht übersetzen; diese Fahrt machten die Gefangenen in einem Schulbus. »Das Schiff bewegte sich in der Dünung, sodass der Bus hin- und herschaukelte, und der Amerikaner sagt: ›Hör auf, dich zu bewegen.‹ Ich konnte aber nicht, und da versetzte er mir einen Hieb.« Rasul machte den Fehler, einem Bewacher zu erzählen, er sei Engländer. Sofort schrie dieser: »Verräter!«

Schließlich kamen sie in Camp X-Ray an. »Die Sonne brannte auf uns herunter, und der Schweiß lief mir in die Augen«, erzählte Rasul. »Ich rief nach einem Arzt, irgendjemand goss Wasser über mich und dann hörte ich wieder: ›Verräter, Verräter.‹« Es dauerte mehr als vier Stunden, bis die Marineinfanteristen die Papiere durchgesehen, sich mit jedem Häftling befasst und allen einen Käfig zugewiesen hatten, und die ganze Zeit über mussten diejenigen, die noch warteten, auf den Knien bleiben. »Ich konnte die Schmerzen nicht mehr aushalten«, sagte Iqbal. »Dann kam ein Typ, um mir Wasser zu geben, eigentlich hatte ich einen Anfall. Ich fiel hin, und sie brachten mich in den Abfertigungsraum, und ich bekam eine Glukoseinfusion.«

Dann rief er sich den Augenblick in Erinnerung, als man ihm endlich die Schutzbrille abnahm. »Ich blickte auf und sah all die anderen, die noch nicht abgefertigt waren, in ihren orangefarbenen Anzügen und Schutzbrillen und dachte: ›Ich halluziniere.‹«

Rasul wurde als Letzter abgefertigt, und als er endlich zu seinem Käfig kam, war es schon dunkel. Zuerst wurde er nackt ausgezogen und erhielt, immer noch mit Schutzbrille und Ketten, ein Stück Seife, um zu duschen. Als er die Schutzbrille schließlich los war, starrte er durch die tropische Nacht auf Kakteen und NATO-Draht und die dahinter liegenden flachen, mit Buschwerk bewachsenen Hügel. Mücken schwirrten um ihn herum und stachen ihn. »Ich sah mich um und dachte: ›Was zum Teufel ist das für ein Ort?‹«

In meinem Buch möchte ich diese Frage beantworten und noch ein paar anderen nachgehen. Wer sind die Gefangenen in Guantánamo, und *warum* sind sie inhaftiert? Welchen Stellenwert hat das Lager im so genannten Krieg gegen den Terror, und wie erfolgreich erfüllt es den ihm zugewiesenen Auftrag? Inwieweit entspricht es den Erklärungen, die führende Politiker der Regierung George W. Bush über Gitmo und seine Insassen abgegeben haben?

Dieses Buch erhebt keinen Anspruch auf Vollständigkeit. So gilt etwa: Was die Gefangenen dort erleben, wird hier nur aus der Sicht einiger weniger Länder dargestellt, obgleich in Guantánamo mehr als 40 vertreten sind. Interviews konnte ich nur mit freigelassenen Häftlingen aus Großbritannien führen. Aber das Buch schöpft aus vielerlei Quellen, und ich hoffe, dass es die wichtigsten Probleme, die das amerikanische Experiment in Gitmo aufgeworfen hat, dingfest machen kann. Im Herbst 2003 habe ich als einer von über 250 Journalisten Gitmo besichtigt, damals nur, um einen Artikel für *Vanity Fair* zu schreiben. Ich versuchte, die Augen offen zu halten, und sprach mit vielen dort eingesetzten Soldaten und Beamten, teils offiziell, teils privat; im Anschluss an meine Reise machte ich ergänzende Interviews in Washington und anderswo. In begrenztem Maße habe ich auf die Arbeit anderer Journalisten zurückgegriffen, und mit vier der fünf freigelassenen britischen Häftlinge habe ich lange Gespräche geführt. Überdies konnte ich mir ein paar wichtige interne Dokumente der Guantánamo Joint Task Force beschaffen, von denen das eine oder andere auf den folgenden Seiten zum ersten Mal zitiert wird. Es sind keine Geheimdokumente; ich enthülle daher nichts, was der Sache Amerikas in seinem Krieg gegen den Terror Schaden zufügen könnte. Aber natürlich werfen sie Licht auf die Geschichte und den internen Ablauf des Lagers – und beides möchten manche Leute vielleicht lieber im Dunkeln lassen.

In den Köpfen vieler Menschen werden sich die ersten, ungewöhnlichen offiziellen Statements zu Gitmo besonders eingeprägt haben. Wer die Absicht hat, öffentliches Interesse für die Menschenrechte und Rechtsansprüche oder Mitgefühl für die 26 Monate dauernden Leiden von in Gitmo inhaftierten Männern wie Iqbal und Rasul zu wecken, muss sich zunächst einmal mit den Erklärungen auseinander setzen, die Donald Rumsfeld und andere in den ersten Monaten des Jahres 2002 abgegeben haben. »Diese Leute sind fanatische Terroristen«, sagte Rumsfeld am 21. Januar in seiner Antwort auf die zunehmende internationale Kritik an Guantánamo. »Wir halten sie fern von den Straßen und Fluglinien und Kernkraftwerken und Häfen – in unserem Land und in anderen Ländern.« Während seines Besuches in Gitmo zu Beginn des folgenden Monats setzte er hinzu, sie gehörten »zu den gefährlichsten, am besten gedrillten und heimtückischsten Mördern auf dem ganzen Erdball.« In Afghanistan, so Rumsfeld, »konnten wir eine große Anzahl von Leuten gefangen nehmen und festsetzen; sie sind durch terroristische Trainingslager gegangen und haben eine Menge Fertigkeiten erworben, mit denen man unschuldige Menschen töten kann – nicht andere Soldaten. Wir haben einen ordentlichen Sack voll von der Straße weggeholt, sodass sie nicht noch mehr Menschen umbringen können.«

Und Vizepräsident Dick Cheney erklärte: »Dies sind die Schlimmsten der Schlimmen. Sie sind sehr gefährlich. Sie haben sich dem Ziel verschrieben, Millionen von Amerikanern – unschuldigen Amerikanern – umzubringen, wenn sie können, und sie sind hundertprozentig bereit, selbst dabei draufzugehen.«

Rumsfeld warf denen, die sich im Gefolge der Overall-Fotos besorgt über das Schicksal der Häftlinge geäußert hatten – darunter das Internationale Komitee des Roten Kreuzes, die Europäische Union und Amnesty International –, seinerseits vor, sie schwelgten in »maßlos übertriebenen Stammtischgeschichten«. Unabhängig davon, so Rumsfeld, was für einen Eindruck die Fotos vermittelt haben mögen, »sage ich Ihnen, was ich mit jedem Zoll meines Körpers für die Wahrheit halte ... Ich habe nicht ein einziges Fetzchen Information gefunden, aus dem hervorgeht, dass irgendjemand nicht human behandelt worden wäre.« Und seine Kritiker sollten nicht vergessen, dass die Häftlinge

»am Versuch beteiligt waren, Tausende gewöhnlicher Amerikaner umzubringen«.

In diesem Buch will ich solche Behauptungen widerlegen. Nur wenige der annähernd 750 Personen, die durch Guantánamo hindurchgegangen oder noch immer dort inhaftiert sind, hatten sich in irgendeiner aktiven Form dem Ziel verschrieben, Amerikaner umzubringen, und diejenigen, auf die diese Beschreibung passt und die sich in US-Gewahrsam befinden, waren nie auf Kuba inhaftiert. Alle Beweise sprechen eher dafür, dass zahlreiche Gitmo-Gefangene, wahrscheinlich Hunderte, absolut unschuldig sind und an überhaupt nichts beteiligt waren, was man vernünftigerweise als terroristische Aktivität bezeichnen könnte. Wenn sie dort landeten, dann deshalb, weil die Screeningverfahren des militärischen Nachrichtendienstes in Afghanistan mangelhaft und unzureichend waren und dies noch verschlimmert wurde durch die Tatsache, dass man mit erbärmlich schlechten, praktisch unqualifizierten Dolmetschern arbeitete.

Der tiefere Grund für ihre Inhaftierung in Gitmo bestand jedoch in der Art und Weise, wie eine amerikanische Regierung, die sich ohnehin schon isoliert hatte und nicht gewillt war, ihre Autonomie durch Verträge und internationales Recht einschränken zu lassen, auf die schlimmsten terroristischen Anschläge, die die Welt je erlebte, reagiert hat. Schon vor dem 11. September hatte Präsident Bush sich nicht nur geweigert, das Kyoto-Protokoll zum Klimaschutz anzuerkennen, sondern auch zu verstehen gegeben, dass er den ABM-Vertrag am liebsten in Fetzen reißen würde, und die Beteiligung der USA am neuen Internationalen Strafgerichtshof abgelehnt. Im Gefolge der Anschläge, die die amerikanische Psyche aufs schwerste treffen mussten, scheint sein Beschluss, den Krieg gegen den Terror nach neuen, eigens von seiner Regierung erfundenen Regeln zu führen, fast ein Reflex gewesen zu sein. So formulierte der

18

Justiziar des Weißen Hauses Alberto Gonzales in einem für Bush bestimmten Memorandum am 25. Januar 2002: »Der Krieg gegen den Terrorismus ist ein Krieg neuen Stils«, in dem es keinen Raum mehr für veraltete Auflagen gebe, wie sie etwa in der Genfer Konvention über die Behandlung der Kriegsgefangenen enthalten seien. Gonzales zufolge macht der Antiterrorkrieg das Genfer Abkommen »obsolet«. In einem denkwürdigen Urteilsspruch hat das englische Berufungsgericht Guantánamo als »juristisches Schwarzes Loch« bezeichnet, das außerhalb jeder Gerichtsbarkeit liege. Wie ich im ersten Kapitel zeige, war das genau die Absicht derer, die es schufen.

Was Rumsfelds Behauptung angeht, die Häftlinge seien immer »human« behandelt worden, so kann man sie nicht mehr als glaubwürdig ansehen. Selbst wenn man die Augenzeugenberichte der bereits freigelassenen Häftlinge, die ständig mehr Gewicht bekommen, beiseite lässt, bleibt immer noch der Beweis, den die nicht zuletzt vom Roten Kreuz erwähnte allgemeine Verschlechterung des psychischen Gesundheitszustands im Lager darstellt. Hinzufügen muss man – vor dem Hintergrund der Skandalnachrichten über Missbrauch und Folter von Gefangenen im irakischen Abu-Graibh-Gefängnis, die im Frühjahr 2004 bekannt wurden – das wiederholte Eingeständnis des Pentagons, dass physischer und psychischer Zwang in Guantánamo Bay zum Repertoire der normalen Vernehmung gehörte und dass Rumsfeld seinen Einsatz persönlich autorisierte. Im Entwurf zu einem für Rumsfeld bestimmten Memorandum, den eine Arbeitsgruppe unter Leitung des Pentagon-Justiziars William J. Haynes im März 2003 verfasste, heißt es, die üblichen Verbote von Foltermethoden brauchten in Guantánamo nicht berücksichtigt zu werden; absoluten Vorrang habe nämlich die Aufgabe, »die entscheidenden Informationen zu beschaffen, mit denen Tausende und Abertausende amerikanischer Bürger geschützt werden können«.

Auf diese Feststellung folgen eine Reihe von Argumenten, mit denen das Memorandum ein Verhalten rechtfertigt, das normalerweise Gegenstand einer Strafverfolgung wäre: Es bezeichnet sie als »juristische Lehrmeinungen ..., die aus einem bestimmten, eigentlich kriminellen Verhalten ein nicht unrechtmäßiges Verhalten machen«.

Zur Zeit der Niederschrift dieses Buches, also nach Abu Ghraib, gibt es Anzeichen dafür, dass die Selbstgefälligkeit und Nonchalance, mit denen Amerika häufig auf Kritik an den Methoden des Antiterrorkrieges reagiert hat, abzubröckeln beginnen. Die Opfer=Krieger-Mentalität, die sich nach dem 11. September im ganzen Land ausbreitete, scheint einem Klima zu weichen, in dem es möglich wird zu fragen, ob eine Institution wie Gitmo mit moralischen Grundsätzen vereinbar ist und ob die Inhaftierung so vieler Menschen unter solchen Bedingungen außerhalb jeder Rechtsstaatlichkeit wirklich den Werten dient, die die amerikanische Nation und ihre Verfassung zu vertreten suchen. Am 28. Juni 2004 tat der Oberste Gerichtshof der USA die ersten entscheidenden Schritte, um die Ausübung einer ungehinderten Exekutivmacht zu begrenzen: Er verwarf den Standpunkt der Regierung und entschied, dass die Gefangenen in Gitmo doch der Bundesgerichtsbarkeit unterstehen und ihre Inhaftierung vor amerikanischen Gerichten anfechten können.

Das wichtigste Argument dieses Buches ist indes weder ein juristisches noch ein moralisches, sondern ein pragmatisches. Ist Guantánamo mit seinen gigantischen Kosten – bezahlt wurde es nicht nur mit Staatsgeldern, Arbeitsanstrengung und Personal, sondern auch mit Amerikas Ansehen in der Welt – ein gerechtfertigtes Mittel zum Zweck der Bekämpfung des islamistischen Terrors? Meine Antwort ist, in ein nacktes Wort gefasst: nein. Alle, die für Gitmo die Werbetrommel rühren, insbesondere der ehemalige Lagerkommandant General Geoffrey Miller, zur Zeit dieser Nie-

20

derschrift verantwortlich für Abu Ghraib, haben immer wieder behauptet, es habe eine reiche Ernte an »ungeheuer wertvollen Einsichten« eingebracht, die weitere terroristische Anschläge verhindert und Al Qaida den entscheidenden Schlag versetzt hätten. Mehrere Mitarbeiter des Geheimdienstes, die entweder noch tätig oder unlängst ausgeschieden sind und direkten Zugang zu Gitmos »Produkt« hatten, haben mir erklärt, das sei bestenfalls Wunschdenken.

Doch dieses Guantánamo, das nur wenige kümmerliche Informationsbröckchen geliefert hat, ist in sämtlichen Entwicklungsländern – und insbesondere in der muslimischen Welt – zum Symbol der Unterdrückung geworden. Im ganzen Nahen Osten wurden die Fotos der neu eingetroffenen Häftlinge, die gefesselt im Staub knien, zur stehenden Metapher für Karikaturisten und Pamphletisten, zum plastischen Bild der Unterdrückung, das Millionen von Muslimen anspricht. Das ungerechte Leid von Familien und Einzelpersonen, das dieser Teil der Operation Enduring Freedom mit sich gebracht hat, ist eine Drachensaat: Aus Gemäßigten werden Fanatiker, die wild entschlossen sind, gegen den Westen zurückzuschlagen. Als Großbritannien vor dreißig Jahren mit dem Mittel der Inhaftierung ohne Prozess gegen die Provisorische IRA in Ulster vorging, erwies sich dies, wie die Regierung später selbst bilanzierte, als der beste Werbeoffizier, den die Terroristen je gehabt hatten. Obgleich diese Praxis nach weniger als zwei Jahren eingestellt wurde, führte sie direkt zum blutigsten Abschnitt der Unruhen in Nordirland und Mitte der siebziger Jahre zu einer Phase, in der die Provinz faktisch außer Kontrolle geriet.

Der damals entstandene Groll löste sich erst nach Jahren allmählich auf, und er ist noch immer nicht vergessen. Guantánamo hat heute eine ähnlich radikalisierende Wirkung in der islamischen Welt. Das Argument, es sei rechtlich und moralisch fragwürdig, haben wir schon häufig gehört. Aber gemessen an den Maßstäben seiner eigenen erklärten Mission – weitere Terroranschläge zu verhindern –, ist Gitmo auch ineffektiv, und es mag sein, dass sein Vermächtnis mit Blut geschrieben wird.

1 »HONOR BOUND« – »AUF EHRE VERPFLICHTET«

»Mit Stolz bezeichnen sich die Vereinigten Staaten als ein Land, in dem das Recht herrscht. Doch selbst ein Rechtsstaat muss begreifen, wo die Grenzen des Legalismus liegen ... Natürlich hat der Krieg Regeln – aber gerade aufgrund seiner Regeln sind unsere Feinde in diesem Krieg gegen den Terror Gesetzlose.«
David Frum und Richard Perle, *An End to Evil: How to Win the War on Terror*

»Als ich aufwachte, wusste ich nicht, wo ich war. Bewusstlos geworden war ich am Rand des Containers, aber als ich aufwachte, befand ich mich in der Mitte – ich lag auf einem Haufen Leichen und atmete den Gestank ihres Blutes und ihres Urins. Vielleicht 300 Menschen hatten sie in jeden Container getrieben – solche, wie man sie auf normale Lastwagen lädt, und die stopften sie so voll, dass unsere Knie die Brust berührten und wir fast sofort Atemnot bekamen. Wir sind am Leben geblieben, weil jemand mit einem Maschinengewehr Löcher in die Wände schoss, aber sie haben nach unten gezielt, und so sind noch mehr Leute durch Kugeln umgekommen. Als wir rauskamen, lebten in jedem Container noch etwa 20 Menschen.«

So beschrieb Asif Iqbal, wie er zusammen mit seinen Freunden Ruhal Ahmed und Shafiq Rasul ein Massaker überlebte, das die von den USA unterstützten Truppen der afghanischen Nordallianz vor ihrem Flug nach Guantánamo Bay verübten. Wir unterhielten uns in einem Haus in Südengland im März 2004, vier Tage nach ihrer Freilassung. Ihre Gesichter waren ausgezehrt von der gehäuften

Anspannung und Erschöpfung, und sie sprachen leise, immer noch wie betäubt von der Veränderung ihrer Lage. »Ich kann's einfach nicht glauben, dass wir hier sitzen«, sagte Ahmed. »Am selben Tag der letzten Woche saßen wir noch in Guantánamo in den Käfigen.«

In Gitmo waren Iqbal und Rasul fast von Beginn an inhaftiert und gehörten zu den ersten Gefangenen, deren Name genannt wurde. (Ihr Freund Ahmed traf fast einen Monat später auf Kuba ein, am 10. Februar 2002.) Damals fanden sich Ströme von Reportern in dem nahe Birmingham in den West Midlands gelegenen Ort Tipton bei ihren Familien ein; sie suchten in Erfahrung zu bringen, was es mit seiner augenscheinlich unauffälligen Muslimgemeinde auf sich hatte, aus der – zumindest in den Augen Donald Rumsfelds – drei todbringende Terroristen hervorgegangen waren. Sie fanden kaum Hinweise. Rasul wurde als gleichgültiger Muslim geschildert, der gern modische Designerklamotten trug und dessen Familie Mühe hatte, ihn zum Besuch der Moschee zu überreden. »Meine Meinung ist: das sind drei ungefährliche Jungs, mit denen ich immer Fußball gespielt habe«, sagte Ala Uddin, Vorsitzender eines lokalen Fußballvereins, der *New York Times*. »Mich wundert es sehr, dass sie in Haft sind und dass man sie verdächtigt, Terroristen zu sein.«

Mehr als zwei Jahre lang führten die von Rasuls und Iqbals Familien beauftragten Anwälte einen hartnäckigen Kampf vor Gericht, um zu erreichen, dass die Gründe für ihre Inhaftierung von amerikanischen Bundesgerichten geprüft werden. Bis kurz vor ihrer Freilassung hatten beide Männer von alledem keine Ahnung, obgleich damals bereits ein Verhandlungstermin vor dem Obersten Gerichtshof der Vereinigten Staaten anberaumt war. (Im Juni 2004 fällten die Richter ein Urteil zu ihren Gunsten.) Es ist schwer vorstellbar, dass ein Gericht, dessen Arbeit sich an den Mindeststandards eines ordentlichen Verfahrens orientiert, ihre Inhaftierung gerechtfertigt hätte. Wie die Behörden beiderseits des Atlantik schließlich einräumen mussten, gab es keinerlei Beweise dafür, dass die Männer jemals Waffen getragen hatten; außerdem wurden sie nicht bei Kampfhandlungen gefangen genommen. Im Sommer 2003 versuchten die Vernehmungsspezialisten in Gitmo monatelang zu beweisen, dass sie in einem Ausbildungslager für Al-Qaida-Terroristen gewesen seien, und beschuldigten sie, mit Osama bin Laden und Mohammed Atta, dem Anführer der Flugzeugentführer vom 11. September, zusammengetroffen zu sein. Zu guter Letzt jedoch rückte der britische Geheimdienst MI 5 Dokumente heraus, die belegten, dass diese Behauptungen nicht zutreffen.

Die drei Männer kehrten heim; insofern hatten sie Glück. Aber auch wenn andere, denen die Verstrickung in terroristische Aktivitäten offensichtlich ebenso wenig angelastet werden kann wie ihnen, noch immer in Guantánamo sitzen, sind ihre Erfahrungen doch in zwei wichtigen Punkten typisch: Sie betreffen einerseits die Entbehrungen und Misshandlungen durch diejenigen, die sie in Afghanistan gefangen nahmen, andererseits die stümperhafte Ungenauigkeit des Verfahrens, mit dem man sie »durchleuchtete« und dann nach Kuba expedierte.

Rasul (zum Zeitpunkt seiner Freilassung 26 Jahre alt), Ahmed (22 Jahre) und der gleichfalls 22-jährige Iqbal waren Jugendfreunde. Anfang September 2001, vor der Hochzeit, die Iqbals Eltern für ihn mit einer Frau in Faisalabad arrangiert hatten, reisten sie nach Pakistan. Ahmed sollte dem Bräutigam bei der Ausrichtung der Hochzeit zur Seite stehen; Rasul hoffte, nach der Feier in Pakistan einen Computerkurs besuchen zu können, der dort weniger kostete als in England. Keiner von ihnen war nach Auskunft ihrer Familien und ehemaliger Nachbarn in Tipton auch nur irgendwie fundamentalistisch; nie hatten sie jener Richtung des Islam angehangen, die die Taliban kultivierten. Sie trugen keine Bärte; sie spielten gern Fußball und hatten Freunde unter den Christen. Aber wie viele andere junge Muslime im damaligen Pakistan gingen sie im Oktober 2001, als klar wurde, dass eines der ärmsten Länder der Welt angegriffen werden sollte, über die Grenze nach Afghanistan. Ihr Plan war, mit dem Geld, das sie für die Reise gespart hatten, humanitäre Hilfe zu leisten.

Gewiss, sie waren naiv. Aber als die Bombardierung begann und ihnen dämmerte, wie hilf- und ratlos sie eigentlich waren, versuchten sie zu fliehen – wobei sie nicht nur zur Zielscheibe der amerikanischen Flugzeuge, sondern auch der Taliban werden konnten, denen sie mit ihrer fehlenden Barttracht in gefährlicher Weise ins Auge stachen. Um der vorrückenden Front auszuweichen, von der sie allerdings nicht genau wussten, wo sie war, heuerten sie einen Fahrer an, der sie über die pakistanische Grenze bringen sollte. Statt jedoch an einen sicheren Zufluchtsort zu gelangen, fuhr das Auto sie nur noch tiefer in die Gefahrenzone, nämlich nach Kundus, das unmittelbar darauf von den Truppen des Generals Raschid Dostum eingekesselt und bombardiert wurde. Zusammen mit Tausenden Bewohnern der Stadt flohen sie in einem Lastwagenkonvoi. Ihr Fahrzeug wurde mit Granaten beschossen, und fast alle, die darin saßen, kamen ums Leben. »Wir saßen in der Falle«, sagte Iqbal. »Wir konnten uns nur noch ergeben. Sie nahmen uns Geld, Schuhe und alle warmen Kleidungsstücke weg und stellten uns in Reihen auf.«

Sie gehörten zu einer riesigen Kolonne von Gefangenen. »Wenn man den Hang hinunterblickte«, sagte Rasul, »sah man endlose Menschenschlangen, soweit das Auge reichte. Wir marschierten durch die Berge und die offene Wüste. Dort waren große Gräben voller Leichen. Wir dachten, das wäre das Ende. Wir dachten, sie würden uns alle umbringen.« Viele Gefangene waren verwundet und starben unterwegs. Ihr Bericht von diesen Ereignissen passt in fast allen Punkten zu den Aussagen anderer Augenzeugen und den Schlüssen, die Menschenrechtsgruppen gezogen haben. John Heffernan, Vertreter der US-Organisation »Physicians for Human Rights«, bereiste das Gebiet wenige Monate, nachdem die drei Männer aus Tipton es durchqueren mussten: »Von vielen gefangen genommenen Menschen wusste niemand, wo sie geblieben waren. Wir fuhren mehrere Kilometer auf der Straße in die Wüste hinein. Wir rochen den unverkennbaren Geruch verwesenden Fleisches und stießen bald auf Bulldozerspuren und Überreste von Skeletten.«

Nach zwei Tagen wurden die drei Männer zusammen mit einer riesigen Gefangenengruppe in aufgereiht wartende Lastwagencontainer gezwängt. Es war Nacht, sagte Iqbal, und das nun folgende Massaker begann im Licht von Scheinwerfern, die nach seiner Aussage von amerikanischen Spezialeinheiten bedient wurden. »Das Letzte, woran ich mich erinnere, ist, dass es schrecklich heiß wurde, und alle begannen zu schreien und mit den Fäusten gegen die Wände zu schlagen. Es war, als hätte jemand unter den Containern Feuer gemacht. Man fühlte, wie alle Feuchtigkeit aus dem Körper entwich, und die Menschen rissen sich die Kleider vom Leib.« Als er wieder zu sich kam, hatte er mehr als zwei Tage nichts getrunken. Wahnsinnig vor Durst wischte er mit einem Tuch die triefenden Wände ab und saugte die Feuchtigkeit heraus, bis er begriff, dass er die Körpersäfte der massakrierten Gefangenen trank. »Wir waren wie lebende Leichen. Wir stanken, wir waren bedeckt von Blut und Todesgeruch.«

Als sie aus den Lastwagen herauskamen, schaffte man sie in Dostums Gefängnis von Scheberghan, wo sie einen Monat lang unter entsetzlichen Bedingungen festgehalten wurden. Die meisten Gebäude boten keinerlei Schutz gegen die Witterung, und es schneite häufig. Um in den nackten Zellen Raum zu schaffen, legten sich die Gefangenen in Vier-Stunden-Schichten auf den Boden. Jeden Tag erhielten sie ein

Viertel Fladenbrot (Naan) und einen kleinen Becher Wasser; manchmal, so Rasul, kam es zu Raufereien um die Essensrationen. »Es gab Leute mit schrecklichen Verletzungen – abgeschossene Glieder – und nichts geschah«, berichtete Rasul. »Nie werde ich einen Araber vergessen, ihm fehlte der halbe Unterkiefer. Zehn Tage lang bis zu seinem Tod schrie und weinte er pausenlos und flehte, man solle ihn töten.«

Ein paar Tage zuvor hatten die Taliban-Häftlinge im Fort Qala-i-Jhangi bei Mazar-i-Sharif einen Gefangenenaufstand gemacht, und nun kamen westliche Reporter auch nach Schebergan. Anscheinend waren sie, so Rasul, völlig blind für das dortige Elend. »Alles, was sie zu interessieren schien, war, ob einer von uns den amerikanischen Taliban John Walker Lindh kannte.«

Ein weiterer Besucher war John Heffernan. Auch in diesem Fall bekräftigte er, was die drei Männer aus Tipton berichtet hatten. »In Schebergan gab es annähernd 3000 Häftlinge, die dort in erbärmlichen Verhältnissen festgehalten wurden: unter Aufsicht von Dostum, dessen Luxushauptquartier direkt gegenüber auf der anderen Straßenseite lag.« Sein Kollege, der Forensikexperte William Haglund, der schon in früheren Jahren die Untersuchung der Massengräber in Bosnien, Ruanda, Sri Lanka und Sierra Leone geleitet hatte, kam ein paar Monate später im Auftrag der Vereinten Nationen noch einmal zurück. Am Tag seiner Ankunft war Dostum zufällig gerade in die Berge gegangen und hatte eine Militäreskorte zurückgelassen, die Haglund gestattete, zu einem Massengrab zu gehen und es zu öffnen. »Ich hob die Erde von einer kleinen Ecke des Grabes, legte die sterblichen Überreste von 15 Menschen frei, deren Körper noch ganz vollständig waren, und obduzierte drei willkürlich ausgewählte Leichen. Es gab keinerlei Anzeichen für Verletzungen, und alles waren junge Männer. Das spricht für Tod durch Ersticken. Zu Dostums

28

Sicherheitschef, der dabeistand, sagte ich, sie seien erstickt, und daraufhin lag langes Schweigen über der Wüste.«

Haglund fand auch Augenzeugen, die berichteten, wie die Gefangenen in die Lastwagen getrieben wurden, während Dostums Männer versuchten, die Einheimischen fern zu halten. »Das Ganze klang mir wie damals Bosnien – plötzlich waren sie wie Katzen im Sandkasten und versuchten, die Spuren dessen zu beseitigen, was sie getan hatten.« Nach Haglunds Worten war es unmöglich anzugeben, wie viele Leichen das Grab enthalten mochte, aber die Zahl ginge wohl in die Tausende. Zusammen mit Heffernan drängte er die US-Regierung, für Hilfen und die nötigen Sicherheitsgarantien zu sorgen, damit das Massengrab vollständig untersucht werden könnte. Anfangs sagte das Weiße Haus seine Unterstützung zu, aber seit Frühjahr 2002, so Heffernan, hätten Pentagon und State Department einfach »gemauert«. Einige Zeugen, fuhr er fort, hatten wiederholt, was auch die Männer aus Tipton behaupteten: dass nämlich US-Spezialeinheiten zusahen, als das Massaker begann; aber diese Berichte wurden nie bestätigt. Das Pentagon hat sie abgestritten. »Das Plazet zu einer vollständigen Untersuchung«, so Heffernan, »läge auch im Interesse Amerikas. Wenn wir nichts zu verbergen haben, kann das die Behauptungen und Verdächtigungen entkräften helfen.«

Zehn Tage nach Ankunft der drei Männer in Schebergan stattete das Internationale Rote Kreuz dem Gefängnis einen Besuch ab und erreichte, dass sich einiges besserte und es mehr Wasser gab. Doch mittlerweile waren sie unterernährt und litten an Amöbenruhr. »Überall hatten wir Läuse«, sagte Ahmed. »Den ganzen Tag hat man gekratzt und gekratzt. An der Brust und am Kopf habe ich geblutet.« Und Iqbal setzte hinzu: »Wir haben so viel Gewicht verloren, dass ich, wenn ich aufstand, in der Kuhle zwischen Schlüsselbein und Fleisch hätte Wasser tragen können.« Jeden Tag starben Gefangene. Während der ganzen Zeit sahen sie in fünfzig Metern Entfernung von ihrem Zellentrakt vor den Toren amerikanische Soldaten.

Nach einem Monat in dieser Hölle auf Erden, am 27. oder 28. Dezember, sprachen Leute vom Roten Kreuz mit den drei Männern und sagten ihnen zu, sie würden Kontakt zur britischen Botschaft in Islamabad aufnehmen und sie bitten, sich für sie einzusetzen. Aber sobald Dostums Soldaten begriffen, dass sie Briten waren, legten sie ihnen Ketten an, führten sie durch das Haupttor des Gefängnisses und übergaben sie den amerikanischen Spezialeinheiten. Wie den meisten Gefangenen in Afghanistan, zog man ihnen sofort eine Kapuze über den Kopf. »Sie stülpten mir eine Art Sandsack über den Kopf«, sagte Ahmed, »sodass ich nichts mehr sehen konnte. Dann warfen sie uns auf einen Lastwagen. Unten am Hals banden sie die Säcke zu und erschwerten damit das Atmen.« Grundlose Misshandlung wurde nach Aussagen der drei Männer von nun an zur Norm. Die Amerikaner brachten sie zum Flughafen von Scheberan, wo sie zuerst geschlagen und dann in ein Flugzeug verfrachtet wurden. »Ich wollte zur Toilette«, berichtete Rasul. »Aber jemand gab mir mit seiner Schusswaffe einen Schlag auf den Hinterkopf. Da pinkelte ich mich selbst voll.«

Wie Brathähnchen verschnürt mit Plastikfesseln, durch die man ihre Ketten ersetzt hatte, wurden sie zum amerikanischen Gefängniszentrum in Kandahar geflogen. Es war eiskaltes Wetter. In ihren dünnen Salwar Kameez, ohne Strümpfe und Schuhe, wurden sie mit einem Seil zusammengebunden und ins Lager gebracht, wo sie auf ihre Registrierung warteten. Im völlig anderen Rahmen eines Wohnzimmers in einer englischen Vorortsiedlung demonstrierte Iqbal, wie man sie zwang, mit doppelt gebeugtem Körper so niederzuknien, dass sie mit der Stirn den Boden berührten: »Wenn der Kopf nicht den Boden berührte oder wenn man ihn ein wenig anhob, setzten sie dir ihren Stiefel auf den Hals und drückten ihn mit Gewalt hinunter. In dieser Haltung mussten wir zwei oder drei Stunden lang verharren.« Und Rasul berichtete: »Ich hob den Kopf nur ein bisschen, weil ich richtige Schmerzen hatte. Da stand der Wachsoldat hinter mir, trat mir die Beine unter dem Leib weg und kniete sich auf meinen Rücken. Sie brachten mich nach draußen und durchsuchten mich, während ein Mann auf mir saß, mich trat und mit den Fäusten schlug.«

Während dieser ganzen Zeit trugen sie ihre Kapuzen. Dann nahm ein Soldat ein Teppichmesser und schlitzte ihnen die Kleidung auf. Nackt und frierend mussten sie sich hinhocken, während die Soldaten ihre Körperöffnungen inspizierten und sie fotografierten. Zum Schluss, so sagten die drei, wurden sie an allen vieren durch ein Stacheldrahtlabyrinth geschleppt und in ein halb offenes Zelt gebracht, wo man sie aufforderte, blaue Gefängnisanzüge anzuziehen. Seit dem Containermassaker, das einen Monat zurücklag, hatten sie sich nicht mehr gewaschen. Damals war Iqbal durch einen Querschläger am Ellbogen verwundet worden. Jetzt zeigte er eine hässliche rote Narbe vor und sagte, zum Zeitpunkt seiner Ankunft in Kandahar sei sie schon infiziert gewesen. In Kandahar scheint Gewalt gegen Häftlinge immer aus heiterem Himmel gekommen und alltäglich gewesen zu sein. Beim wiederholten »Filzen« der Schlafzelte trampelten die Soldaten auf Exemplaren des Koran herum, und einmal warfen sie sie, wie die drei Männer berichteten, sogar in einen Toilettenkübel. In vielen Nächten veranstalteten die Wärter stündlich einen Zählappell, um die Gefangenen wach zu halten.

Am Tag ihrer Ankunft war es schon spät in der Nacht, als sie endlich registriert waren, aber am nächsten Morgen wurden sie direkt zum ersten Verhör geholt. »Da saß einer von den Spezialeinheiten«, berichtete Rasud, »der hielt mir eine Waffe an die Schläfe, eine 9-mm-Pistole. Er sagte, wenn ich die geringste Bewegung mache, dann jagt er mir eine Kugel in den Kopf.« Jeder von ihnen musste in Kandahar mehrere solcher Sitzungen durchhalten; jedes Mal wurden sie, wie sie sagten, auf Knien und in Ketten verhört, immer mit vorgehaltener Waffe. Oft wurden sie getreten oder geschlagen. Nicht alle, die sie verhörten, waren Amerikaner. Iqbal und Rasul schilderten auch einen englischen Offizier mit brauner Uniformmütze, der sagte, er sei Mitglied eines Regiments der britischen Spezialeinheit, des Special Air Service (SAS). »Er hatte einen englischen Oberklassenakzent«, sagte Rasul. »Er nannte die Namen britischer Gefängnisse und meinte, dort würden wir schließlich landen.« Nach Iqbals Worten sagte der SAS-Offizier zu ihm: »Hab keine Angst, heute wirst du nicht geschlagen, weil du hier bei mir bist.« Ahmed berichtete, auch er sei von einem MI-5-Offizier verhört worden. »Die ganze Zeit kniete ich, ein Typ stand auf meinen Unterschenkeln, ein anderer hielt mir eine Waffe an den Kopf. Der MI-5-Mann sagt: ›Ich komme aus Großbritannien, vom MI 5, und hab ein paar Fragen an dich.‹ Und dass er Dave heißt. Dann sagte er zu mir: ›Wir haben eure Namen, wir haben auch eure Pässe, wir wissen, dass ihr von einer extremistischen Gruppe Geld gekriegt habt, und wir wissen, dass ihr in dieser Moschee in Birmingham wart. Wir haben Fotos von euch.‹« Nichts davon stimmte.

Ein ranghoher Offizier der Special forces, der in Afghanistan bei einer Einheit dient, die mit der CIA zusammenarbeitete, äußerte mir gegenüber, am Bericht der drei Männer aus Tipton über Kandahar sei nichts, was er unglaubhaft oder gar überraschend fände. Nach seinen Worten war es genau die Art, in der dort verfahren wurde. »Nach dem 11. September fanden nur wenige es falsch, diese Leute zu malträtieren.« Aus der gänzlich anderen Sicht von Human Rights Watch hat auch John Sifton, der viele freigelassene Häftlinge aus Gitmo und Afghanistan interviewte, die Glaubwürdigkeit der Männer aus Tipton bestätigt: »Ihre Schilderung von Gewalt und erniedrigenden Verhören in Kandahar steht völlig im Einklang mit den Zeugenaussagen, die wir von zahlreichen, sowohl dort wie auch in Bagram bei Kabul festgehaltenen Häftlingen haben.«

Doch schlimme Lebensbedingungen und körperliche Misshandlung waren nicht das alleinige Manko jenes amerikanischen Verfahrens, das Hunderte von Gefangenen mit dem Flugzeug von Afghanistan auf den Weg nach Gitmo gebracht hat. Gedacht als Mittel, den terroristischen Weizen von der Spreu des Fußvolks zu trennen, blieb es überraschend unzulänglich.

An einem eiskalten Januartag 2004 saß ich im Pentagon und interviewte einen Spitzenbeamten, der eng mit Rumsfeld zusammenarbeitete, in Sachen Besatzung im Irak. Er war spürbar auf der Hut und sagte in einer knappen Stunde nichts sonderlich Erhellendes. In einer Anwandlung fragte ich ihn, warum Amerika sich unter allen Orten der Welt für das Einsperren von Häftlingen ausgerechnet seine winzige Enklave auf Kuba ausgesucht hatte – einen abgelegenen und offenkundig unbequemen Standort. (Guantánamo wurde 1903, als eines der Beutestücke des spanisch-amerikanischen Krieges, in »unbefristete Pacht« genommen. Noch heute dürfen US-Flugzeuge das kommunistische Kuba nicht überfliegen, sodass eine lange und lästige Kehre erforderlich ist: Infolgedessen dauern die Linienflüge zwischen Jacksonville in Florida und Gitmo fast drei Stunden.) Erleichtert, dass er das Thema Irak endlich los war, ließ der Beamte für einen Augenblick seine Wachsamkeit fahren: »Weil die Rechtsberater sagten, dort könnten wir mit ihnen machen, was wir wollen«, erwiderte er. »Kein Gericht wäre dort für sie zuständig.«

Schon als das Gefangenenlager Guantánamo im Dezember 2001 vom Pentagon konzipiert wurde, bestand also sein Hauptmerkmal darin, dass es sich samt seinen Gefangenen außerhalb aller bekannten Mechanismen amerikanischen und internationalen Rechts befinden würde. Der französische Häftling Nizar Sassi formulierte es auf einer Postkarte an seine Familie, die dem Militärzensor irgendwie durch die Finger rutschte, folgendermaßen: »Falls ihr eine Definition dieses Ortes braucht: Man hat nicht das Recht, Rechte zu haben.« Im Laufe des Herbstes 2001 und der ersten Tage des Jahres 2002 nahm eine große und kühne Rechtsidee im kollektiven Bewusstsein der Bush-Administration Gestalt an. Entsprungen war sie dem Urteil, zu dem man kaum 24 Stunden nach dem 11. September gelangt war: dass nämlich die Anschläge auf New York und Washington keine Sache der Strafverfolgungsbehörden seien, sondern als Kriegshandlungen genommen werden müssten. Doch dieser Krieg unterschied sich von allen übrigen, weil er nicht gegen einen einzelnen, sichtbaren Feind, sondern gegen einen gestaltlosen, globalen Feind – den »Terror« – geführt wurde. Nach Ansicht der Juristen im Justizministerium und im Pentagon bedurfte er neuer Regeln, und sie hielten es für ihre Pflicht, dieses Regelwerk aufzusetzen.

Seit jeher habe sich – so argumentierten sie, um ihren Radikalismus herunterzuspielen – das Kriegsrecht »entwickelt« und auf die Ereignisse reagiert: In aller Regel lief es auf eine ex-post-Kodifizierung chaotischer, zufälliger Ereignisse hinaus. Zugleich aber fanden sie, die zwischen Staaten ausgehandelten Gesetze seien dehnbarer und weniger sakrosankt als jene, die von nationalen Körperschaften wie etwa dem amerikanischen Kongress verabschiedet werden. Für sie hatte der Ausdruck »Siegerjustiz« keinerlei pejorative Bedeutung; er entsprach nur einer Weltsicht, die sich den Nuancen der Macht und der Realpolitik anpasste. Einer von Rumsfelds Hauptberatern, der Rechtsexperte und Lieutenant Colonel der Marine William Lietzau, zitierte einen Aphorismus des Völkerrechtlers Hersch Lauterpacht: »Wenn es stimmt, dass sich internationales Recht in mancher Hinsicht an einem Punkt befindet, wo das Recht sich auflöst, dann befindet sich das Kriegsrecht, in noch auffälligerer Weise, an einem Punkt, wo das internationale Recht sich auflöst.« Und – wie Lietzau in einem Vortrag sagte, den er im August 2002 in Harvard hielt – »man könnte hinzufügen: Wenn es stimmt, dass das Kriegsrecht dort angesiedelt ist, wo das internationale Recht sich auflöst, dann wirft der Krieg gegen Al Qaida und überhaupt der weltweite Krieg gegen den Terrorismus Probleme auf, die dort angesiedelt sind, wo das Kriegsrecht sich auflöst.« Der Krieg gegen Al Qaida, so fuhr er fort, sei mit keinem vorangegangenen Konflikt zu vergleichen, und Amerika führe ihn nicht gegen einen Staat, sondern gegen »nebulöse Netzwerke aus geheimen Zellen – die man auf keiner Landkarte findet – ohne Hauptstädte, die man zerstören kann.«

Die Folgen dieser Analyse traten erstmals am 13. November 2001 zutage, als Bush in seiner Funktion als Oberkommandierender der bewaffneten Streitkräfte ein Präsidialdekret (Presidential Military Order) erließ, in dem er erklärte, Prozesse gegen gefangene Al-Qaida-Terroristen könnten vor »Militärkommissionen« (also Militärtribunalen) stattfinden, die von allen den Zivilgerichten auferlegten Einschränkungen befreit seien. Gefangene, die für eine solche Behandlung in Frage kommen, würden nicht – so hieß es unmissverständlich – als Kriegsgefangene, sondern als »unrechtmäßige Kämpfer« behandelt. Damals allerdings schien es, als sei diese Definition auf Topterroristen begrenzt. »Ausländische Bürger, die Massenmorde planen und/oder begehen, sind mehr als Tatverdächtige«, sagte Bush. »Sie sind unrechtmäßige Kämpfer, die unser Land und unsere Lebensform zu zerstören suchen.« Vizepräsident Dick Cheney regte sogar an, den Terminus »unrechtmäßiger Kämpfer« auf Terroristen zu beschränken, die auf amerikanischem Boden festgenommen werden: »Grundsätzlich wird hier vorgeschlagen, dass jemand, der illegal in die Vereinigten Staaten von Amerika kommt, der einen Terroranschlag durchführt und Tausende unschuldiger Amerikaner – Männer, Frauen und Kinder – umbringt, kein rechtmäßiger Kämpfer ist. Es steht ihnen nicht zu, als Kriegsgefangene behandelt zu werden.« Zum letzten Mal verfuhr man so, als sechs deutsche Möchtegern-Saboteure während des Zweiten Weltkrieges in Amerika festgenommen wurden. Fünf von ihnen (alle außer dem Nazi-Agenten, dem es am Ende, nach wiederholten erfolglosen Versuchen, gelang, das FBI davon zu überzeugen, dass er und seine Gesinnungsgenossen keine Fantasten waren) wurden hingerichtet.

Wenn es nach Bushs Befehl an die Streitkräfte geht, dann hätte allein der Präsident die Macht zu entscheiden, auf wen diese Definition »unrechtmäßiger Kämpfer« Anwendung findet. Als zwei Monate später Camp X-Ray eröffnet wurde, hatte sich die Vorstellung davon, wer eine solche Person sein könnte, verändert und war bis zur Unkenntlichkeit ausgedehnt worden. Fortan bezeichnete der Begriff nicht nur jemanden, von dem man annahm, er sei direkt an Terroranschlägen gegen Amerika beteiligt, sondern alle in Afghanistan Festgenommenen, die man verdächtigte, mit den Taliban zu kämpfen – was etwas gänzlich anderes ist. Um dies zu rechtfertigen, vertrat die Bush-Administration im Endeffekt den Standpunkt, Taliban und Al Qaida seien ein und dasselbe und die Mitwirkung an Kämpfen, die zuvor als afghanischer Bürgerkrieg galten, schaffe einen dauerhaften Zusammenhang zwischen dem Kämpfer und den Ereignissen vom 11. September – daher der oben zitierte furchteinflößende Ton, den Bush und seine Kollegen anschlugen. Doch diese Analyse war höchst fragwürdig. Zwar hatte der Talibanführer Mullah Omar 1996 Osama bin Laden aufgefordert, nach Afghanistan zurückzukehren, aber die personellen Überschneidungen zwischen seiner Organisation und Al Qaida waren äußerst gering: Nach den Worten eines hochrangigen Mitarbeiters des US-Geheimdienstes, der noch heute mit dieser Frage befasst ist, »waren sie 1996 überhaupt nicht vorhanden, und 2001 betrafen sie nicht mehr als 50 Personen«.

Die Folge für Gefangene, die in Afghanistan festgenommen wurden, bestand darin, dass sie nicht gemäß der Dritten Genfer Konvention von 1949 behandelt wurden, da diese ja, wie Lietzau es formulierte, »für eine andere Art von Krieg geschrieben« worden war. Am Ende einer kleinen, heftigen Schlacht, die man mit dem Außenministerium durchfocht, legte der juristische Berater des Weißen Hauses Alberto Gonzales in einem Memorandum für Präsident Bush am 25. Januar 2002 die generellen Grundsätze dar: »Das Wesen des neuen Krieges«, so schrieb er, »führt dazu, dass bestimmte Faktoren besonders hohen Wert erhalten: etwa dass man in der Lage sein muss, von gefangenen Terroristen und deren Unterstützern rasch Informationen zu erhalten, um weitere Gräueltaten gegen amerikanische Bürger zu unterbinden; oder dass es unerlässlich ist, Terroristen wegen Kriegsverbrechen – wie zum Beispiel vorsätzliche Tötung von Zivilpersonen – den Prozess zu machen. Nach meinem Dafürhalten macht dieses neue Paradigma die strikten Einschränkungen der Genfer Konventionen für das Verhör gegnerischer Gefangener obsolet und einige ihrer Bestimmungen zu veralteten Vorschriften.«

Hätte man die Häftlinge als feindliche Kriegsgefangene im Sinne der Genfer Konvention klassifiziert, dann hätte ihre Behandlung in Afghanistan und später auch Gitmo gänzlich anders ausgesehen. Da sie nicht verpflichtet gewesen wären, etwas anderes mitzuteilen als Name, militärischen Rang und Dienstnummer, wäre die intensive und mit Zwangsmitteln verbundene Vernehmung, die hier wie dort stattfand, unmöglich gewesen. Überdies hätten sie ein

Recht darauf gehabt, in Kasernen untergebracht zu werden, die denselben Standards genügen wie die derjenigen, die sie gefangen gesetzt haben, und damit wären die Käfige in Guantánamo illegal gewesen. Außerdem wären sie bei einer Klassifizierung als Kriegsgefangene im Rahmen des – wie das Kriegsrecht sagt – »internationalen bewaffneten Konflikts« in Afghanistan schon längst freigekommen. Das Internationale Komitee des Roten Kreuzes erklärte, aufgrund seiner Befugnisse gemäß der Genfer Konvention, diesen Konflikt im Februar 2002 für beendet. Es wäre unmöglich gewesen, 600 Männer, gegen die keine einzige Klage erhoben wurde, mehr als zweieinhalb Jahre festzuhalten.

In bestimmten Ausnahmefällen sehen die Bestimmungen der Genfer Konvention die Möglichkeit vor, dass Gefangene ihren Schutz verlieren, und das US-Militär erkennt dies seit langem in seinen eigenen Verfahrensregeln an. Gefangenen Kriegsbeteiligten, die weder Uniform noch Rangabzeichen oder andere Insignien tragen noch zu einer wie immer minimalen militärischen Kommandostruktur gehören, kann der Kriegsgefangenenstatus aberkannt werden, und es ist durchaus denkbar, dass dies auf Angehörige von Al Qaida zutrifft. Doch muss – so will es die Konvention ebenso wie die amerikanischen Verfahrensweisen, die seit Jahrzehnten Bestand haben – eine vollgültige Gerichtsverhandlung stattfinden, um bei jedem einzelnen Gefangenen zu einem Tatsachenbefund zu kommen. Es gibt bestimmt keinen Präzedenzfall, auf den die Klassifizierung einer großen Menschengruppe als unrechtmäßige Kämpfer durch ein Präsidialdekret sich berufen könnte. Im Golfkrieg von 1991 führte das US-Militär 1196 derartige Verhandlungen durch. In nahezu 75 Prozent dieser Verfahren stellte man fest, dass die Gefangenen unschuldige Zivilisten waren, und setzte sie auf freien Fuß.

Das Zentralkommando (CENTCOM) im Pentagon, das für die so genannte »Zentralregion« und damit sowohl für

Afghanistan als auch für den Irak zuständig ist, hat noch im Februar 1995, als es dem gesamten militärischen Personal die neue Ausführungsverordnung 27-13 zukommen ließ, ihr Regelwerk aktualisiert. In dieser Verordnung mit dem Titel »Gefangene Personen: Feststellung des Anspruchs auf den Kriegsgefangenenstatus« heißt es: »Jede Person, die eine Kriegshandlung begangen hat ... wird als Kriegsgefangener behandelt, es sei denn, ein qualifiziertes Gericht stellt [anderes] fest.« Vor diesem Gericht muss der Gefangene einen Dolmetscher haben, »der des Englischen und Arabischen (oder einer anderen Sprache, die der Gefangene versteht) kundig ist«. Vorsitzender Richter muss ein Militärrechtsexperte sein, und die Verhandlungen müssen protokolliert werden. Die Zeugen müssen unter Eid aussagen. (Zur Erleichterung, heißt es in der Ausführungsverordnung, »ist ein Formular für muslimische Zeugen beigefügt«.) Der Gefangene hat das Recht, anwesend zu sein, Zeugen ins Kreuzverhör zu nehmen und Unterlagen einzusehen, wobei Passagen, die geheim sind, abgedeckt werden dürfen. Was das Urteil betrifft, so gilt: Wenn nicht bewiesen werden kann, dass dem Gefangenen der vollgültige Kriegsgefangenenstatus nicht zusteht, muss er ihn erhalten. In diesem Fall: Goodbye Guantánamo Bay.

Außenminister Colin Powell machte nachdrücklich geltend, dass es ernsthafte Rückwirkungen hätte, sich über diese Bestimmung hinwegzusetzen. Den Häftlingen die Gerichtsverhandlung zu verweigern und zu dekretieren, dass sie allesamt »ohne Unterschied« nicht unter die Genfer Konvention fallen, würde »eine mehr als hundertjährige amerikanische Politik rückgängig machen ... und den Schutz, den auch unsere Truppen durch das Kriegsrecht genießen, unterminieren, sowohl in diesem speziellen Kontext als auch im Allgemeinen«, so schrieb er am 26. Januar 2002 an Bushs Berater Gonzales und an seine Sicherheitsberaterin Condoleezza Rice. Ebenso untergraben würde es die Unterstützung durch Amerikas Verbündete zumal in Europa; sie könnten in Zukunft zögern, bei der Aufgabe, »Terroristen vor Gericht zu bringen«, zu kooperieren.

Interne Gitmo-Unterlagen, die ich einsehen konnte, machen deutlich, dass selbst zum Zeitpunkt von Powells Schreiben die Soldaten der Joint Task Force davon ausgingen, es werde tatsächlich Gerichtsverfahren geben, die den Status jedes Gefangenen festlegen. Gegen Ende Januar legte Lieutenant Colonel T. L. Miller, Militärrechtsexperte der Task Force, eine Stellungnahme vor, in der er sowohl den Normalstandpunkt gemäß internationalem Recht als auch die Form schilderte, in der die Gerichtsverfahren laut Ausführungsverordnung des CENTCOM durchgeführt werden sollten. Seine Wortwahl und sein Umgang mit dem Thema lassen vermuten, dass er den Gedanken, es könnten überhaupt keine Verfahren stattfinden, nicht einmal ansatzweise ins Auge gefasst hatte: Ziel seines Memorandums, so schrieb er, sei es, »festzustellen, welche Anforderungen an ... Verfahren im Sinne der 3. Genfer Konvention bestehen«. Seine »Probleme«, die er zu bedenken gab, waren praktischer Natur: »Wo sind die rechtserheblichen Beweismittel? ... wenn ein Häftling als Kriegsgefangener identifiziert wird, welcher Schutz nach der Genfer Konvention steht ihm zu, den er zur Zeit noch nicht genießt? Wie wirkt sich das auf den Schutz und die Sicherheit des Einsatzkommandos aus?« Ganz am Schluss fragte Miller, weil es ihn beunruhigte, dass die Zahl der Gefangenen rasch anstieg und es lange dauern würde, bis alle ihr ordentliches Verfahren im Sinne der Konvention bekommen hätten: »Reicht ein einziges ständiges Richtergremium aus? Um sich vorstellen zu können, wie lange ein einzelnes Gericht braucht, um einen Fall zu entscheiden, denke man an einen Administrative Discharge Board, der über Entlassungen von Armeeangehörigen zu entscheiden hat. Ein solcher Ausschuss schafft vielleicht zwei Fälle pro Tag.«

Aber Miller war kein Politiker. Bush und Rumsfeld dagegen waren es. Am 28. Januar stattete Rumsfeld Guantánamo einen Besuch ab und erklärte:»In diesem Fall gibt es nichts zu deuteln. Sie sind keine Kriegsgefangenen. Sie werden nicht als Kriegsgefangene anerkannt werden.« Am folgenden Tag sagte Bush zu Reportern, die Häftlinge seien »Killer«, denen der Status von Kriegsgefangenen nicht zugestanden werde. Sein förmlicher Richterspruch kam am 7. Februar 2002 in Gestalt einer »Feststellung des Rechtsstatus der Häftlinge durch den Präsidenten«. Im Namen seiner »verfassungsmäßigen Befugnisse« – wie er es nannte – erklärte Bush, keiner von ihnen werde als Kriegsgefangener gelten, unabhängig von den Umständen, unter denen er festgenommen wurde. Andere Aspekte der Genfer Verträge – wie etwa die Ächtung der Vergewaltigung und Beraubung von Zivilpersonen – hätten zwar auch im Afghanistankrieg Geltung, aber die Konvention betreffe weder Al-Qaida- noch Taliban-Gefangene. Die Taliban entsprächen keiner regulären Armee, die den Anforderungen der Genfer Konvention gerecht wird, und daher bedürfe es keiner einzigen Gerichtsverhandlung. Einer der Juristen des Pentagon fasste es in die Worte:»Bush hat den Rechtsexperten des CENTCOM die Beine unterm Hintern weggezogen.« Alle Gefangenen sollten nun als unrechtmäßige Kämpfer gelten und von den normalen Schutzbestimmungen ausgeschlossen werden, nur weil Präsident Bush es gesagt hatte.

Bushs Entscheidung ging zurück auf die erstmals von John Yoo, Mitarbeiter beim Rechtsberaterbüro des Justizministeriums, in einem Memorandum aufgestellte Behauptung, das von den Taliban kontrollierte Afghanistan sei ein »misslungener Staat«, dessen »Territorium zu großen Teilen von einer Miliz oder einzelnen Gruppe überrannt und gehalten wurde, statt von einer Regierung übernommen zu werden«. Unter dieser Voraussetzung, so Yoo, erfülle keine der bewaffneten Taliban-Kampfgruppen Kriterien wie etwa

Befehlskette, Uniform oder Rangabzeichen, wie die Genfer Konvention sie fordere, sofern ihr Schutz gelten soll. Yoos Gedanke wurde später von Justizminister John Ashcroft in einem weiteren Memorandum übernommen, aber er war, gelinde gesagt, fragwürdig. Tatsächlich kontrollierten die Taliban im Jahr 2001 ganz Afghanistan bis auf ein Stückchen im äußersten Norden, und ihre Soldaten trugen zwar keine Uniformen nach westlichem Muster, waren aber an ihren schwarzen Turbanen kenntlich und außerdem – wie die Mitglieder jeder ernsthaften Streitmacht – einer strikten Befehlshierarchie unterworfen.

Hinzu kam, dass Bushs »Feststellung« nicht nur einseitig war. Sie war, im unzweideutigen und geläufigen Sinn der Genfer Konvention, illegal. Selbst wenn man hätte zeigen können, dass die Taliban ihren Verpflichtungen gemäß der Konvention nicht nachkamen, so hatte Bush damit doch nicht das Recht, letztere selbst für nichtig zu erklären. In Artikel 142 der 3. Konvention heißt es, die Unterzeichneten, darunter Amerika, seien berechtigt, den Vertrag zu »kündigen«. Doch dies können sie nur, wenn sie ein Jahr zuvor in einem Schreiben an den Schweizer Bundesrat einen Antrag stellen; und ist ein Staat zu der Zeit zufällig in einen Konflikt verwickelt, soll seine Nicht-Anerkennung der Konvention »erst dann wirksam werden, wenn ein Friedensvertrag geschlossen wurde«. Solange der Krieg anhält, ist dieser Staat gebunden an »die Verpflichtungen, die die Konfliktparteien nach den Grundsätzen des Völkerrechts zu erfüllen haben«.

Mit Blick auf die amerikanische Verfassung mag Bush rechtmäßig gehandelt haben. Aber – wie eine im Juli 2004 für den Internationalen Anwaltsverband verfasste Stellungnahme des Oxforder Professors für internationales Recht Vaughan Lowe und des Experten für humanitäres Völkerrecht Guy Goodwin-Gill feststellt – seine Entscheidungen, die Gefangenen betreffend, waren »offenkundig unvereinbar mit dem internationalen Recht ... [Bushs] Argumentation missachtet ferner das Grundprinzip des humanitären Völkerrechts, dass nämlich die Verpflichtung, sich an die Regeln zu halten, *nicht* von der Gegenseitigkeit abhängt und dass die Regeln dazu da sind, bestimmte Gruppen von Individuen zu schützen – und nicht etwa die Interessen von Staaten.«

In dem in Washington tobenden Streit erreichte Colin Powell nur ein einziges, völlig unbedeutendes Zugeständnis. Auf die Kurzformel gebracht wird es in einer Wendung, die Rumsfeld immer wieder gebrauchte: Die Inhaftierten seien zwar keine Kriegsgefangenen, aber ihre Behandlung stünde »im Einklang mit den Grundsätzen« der Genfer Konvention. (Bush formulierte es bisweilen etwas anders: Die Behandlung in Gitmo »bleibt ihrem Geist treu«.) Rumsfeld behauptete sogar, das alles sei nur ein bürokratisches Detail und der genaue Rechtsstatus der Häftlinge hätte »keinen Einfluss« auf ihr Leben. »Wir behandeln sie auch in Zukunft im Einklang mit den Prinzipien des Anstands, der Freiheit und Gerechtigkeit, auf die unsere Nation gegründet ist; jenen Prinzipien, die sie offenkundig verabscheuen und die sie angreifen und zerstören wollten. Ungeachtet der vereinzelten Nester internationaler Hysterie behandeln wir die Häftlinge in keiner Weise anders als menschenwürdig.«

Erst Ende Juni 2004, als das Weiße Haus mehrere bis dahin unter Verschluss gehaltene Dokumente über Gitmo veröffentlichte, traten die Abgründe der Heuchelei, die sich hinter diesen Aussagen verbargen, offen zutage. Allein für die Öffentlichkeit bestimmt waren Bushs und Rumsfelds Behauptungen, die Behandlung der Häftlinge stünde im Einklang mit den Grundsätzen der Genfer Konvention. Ja selbst der geheim gehaltene Text, den es von Bushs »Feststellung« vom 7. Februar 2002 gibt, begann mit dem üblichen aufgeblasenen Gerede über die Respektierung der Rechte der Gefangenen: »Unsere nationalen Werte ... verlangen, dass wir die Häftlinge menschenwürdig behandeln, auch jene, denen von Rechts wegen eine solche Behandlung nicht zusteht. Unser Land hat die Genfer Konvention und ihre Grundsätze immer hochgehalten und wird dies auch weiter tun.« Freilich nur, so fährt die geheime Fassung des Präsidialerlasses fort, wenn es Amerika genehm ist. »Grundsätzlich werden die bewaffneten Streitkräfte der Vereinigten Staaten fortfahren, die Häftlinge human *und, soweit es angemessen und mit militärischen Notwendigkeiten vereinbar ist*, im Einklang mit den Genfer Grundsätzen behandeln.« [Hervorhebung von mir] Wenn der Oberbefehlshaber zu dem Schluss käme, er müsse sogar mit dem ungreifbaren »Geist« von Genf brechen, weil er es für erforderlich hält, hätte er alle Freiheit, es zu tun.

So selbstsicher Bush und Rumsfeld auch stets klingen mochten – sie und ihre Kollegen wussten sehr wohl, wie unerhört neu ihr Tun war und wie gefährlich es werden könnte, sich damit der juristischen Auseinandersetzung zu stellen. Daher die Bemerkung des Pentagon-Beamten, den ich im Januar 2004 interviewte: Das Schöne an Guantánamo war nach Ansicht der Regierung, dass dieser Ort außerhalb des Rechts stand. Wie das englische Berufungsgericht in seinem Urteil, einen britischen Häftling betreffend (dessen Familie vor Gericht vergeblich versuchte, seine Regierung zu bewegen, ihn irgendwie herauszuholen), formulierte, lag Gitmo in einem »juristischen Schwarzen Loch«.

Eine ausführlichere Darlegung dieses Gedankens stammt von Colonel Daniel F. McCallum, Mitarbeiter im Training and Doctrine Command (TRADOC) des Pentagons; im März 2003 hielt er an der Washingtoner Militärakademie einen Vortrag zur Wahl von Guantánamo. Er hatte Beamte aus allen wichtigen beteiligten Behörden interviewt: aus der CIA ebenso wie aus dem Verteidigungs-, dem Außen- und dem Justizministerium. Rumsfeld nenne, so begann er,

Guantánamo den »am wenigsten schlechten Ort, den wir hätten aussuchen können«. Aber eigentlich, so McCallum, sei er um Etliches besser als dies.

Bei ihrer Entscheidung habe die Regierung vier Möglichkeiten in Betracht gezogen: ein anderes Land, die Vereinigten Staaten selbst, ein anderes amerikanisches Territorium und Guantánamo. Die USA schieden aus, weil die Gefahr bestand, ein Gefangenenlager könnte terroristische Anschläge auf sich ziehen; die Festsetzung von Häftlingen im Ausland dagegen hätte es den Mitarbeitern des amerikanischen Geheimdienstes womöglich erschwert, Zugang zu ihnen zu bekommen. Als es dann zur Entscheidung zwischen Gitmo und einer anderen abgelegenen amerikanischen Besitzung kam, fanden die Rechtsexperten der Regierung, dass Gitmo *einen* gewaltigen Vorteil besitze. Andere Territorien, so McCallum, »unterstehen der Rechtsprechung der Bundesgerichte«. Das aber hieß, ein Gefangener, der seine Behandlung in einem bestimmten Punkt anfechten wollte – entweder die Verweigerung seiner Rechte nach der Genfer Konvention oder seine fortdauernde Inhaftierung –, hätte einen Haftprüfungstermin, also die »gerichtliche Untersuchung der Inhaftierung einer Person, mit der entschieden werden soll, ob diese Inhaftierung rechtmäßig ist«, beantragen können. In Gitmo gab es nach Ansicht des Justizministeriums dieses Risiko nicht. Nach der späteren Argumentation der Regierung in jenem Prozess, der bis vor den Obersten Gerichtshof gelangt ist, untersteht Guantánamo angeblich nach wie vor, ungeachtet des unbefristeten amerikanischen Pachtvertrages, der Oberhoheit Kubas, und deshalb könnten ausländische Staatsbürger, die dort festgehalten werden, ihre Klage nicht vor amerikanische Gerichte bringen.

»Gitmo war ein ganz einzigartiges Besitztum: Es gehört Kuba, wird aber von den Vereinigten Staaten in Dauerpacht verwaltet«, so schwärmte Colonel McCallum. »Probleme der Außenpolitik und der inneren Sicherheit ließ es auf ein Minimum zusammenschrumpfen ... da das Gebiet zu Kuba gehörte, schätzte das Justizministerium das Risiko gerichtlicher Auseinandersetzungen als minimal ein.« Weit entfernt davon, der am wenigsten schlechte Ort zu sein, »war Gitmo vielmehr der bestmögliche Ort«.

Unterdessen hatten die Entscheidungen der Regierung die schlichte Konsequenz, dass jedes nur mögliche Nachforschen von der Feststellung des Gefangenenstatus abgelenkt wurde. Ohne dass ein Gericht sie prüfte, reichte als Beweis die bloße Behauptung, der Betreffende sei Taliban-Kämpfer oder Mitglied der Al Qaida, und schon war er auf dem Weg nach Gitmo. In den Erklärungen der Regierungsbeamten und ihrer prominenten Unterstützer – wie etwa der Professorin Ruth Wedgwood von der Johns Hopkins University – trat an die Stelle der Bewertung die Tautologie. Saß jemand in Guantánamo, dann deshalb, weil er »bei Kampfhandlungen gefangen genommen« worden war, und war er bei Kampfhandlungen gefangen genommen worden, musste er auf der Seite der Taliban und der Al Qaida gewesen sein. Was völlig fehlte, war der Versuch, im Fall jedes einzelnen Gefangenen festzustellen, ob diese Behauptungen überhaupt zutrafen.

Ich sprach mit Rumsfelds ehemaligem Berater Lieutenant Colonel Lietzau im Pentagon. Zuerst fragte ich ihn nach den Aufständischen und den baathistischen Freischärlern im Irak, jenen Männern, die für die anhaltende zerstörerische Gewalt der Selbstmordattentate und der Anschläge auf die Koalitionstruppen verantwortlich sind. In ihrer Einstellung zum Kämpfen wirkten sie ebenso unrechtmäßig wie nur irgendein Gitmo-Häftling und schienen weder Rangabzeichen zu tragen noch einer Kommandostruktur anzugehören; einige von ihnen könnten durchaus Angehörige von Al Qaida sein. Und doch wurden alle als Kriegsgefangene behandelt und erhielten – wenigstens in der Theorie –

46

ihre Genfer Rechte. »Das ist eine wichtige Frage«, sagte Lietzau. »Beunruhigend. Aber ich weiß keine Antwort. Einer der Punkte, die mich aus der Fassung bringen, ist, dass da nichts zusammenstimmt.« Daraufhin fragte ich ihn, warum er so sicher sei, dass man in Guantánamo keine Gerichtsverhandlungen durchführen müsse. Seine Antwort war atemberaubend: »In dieser Situation ist das nicht besonders sinnvoll, denn eigentlich streitet dort niemand um Tatsachen. Keiner sagt, halt, wartet mal eben, ich gehörte gar nicht zu den Taliban.«

In diesem Punkt irrte er.

Anfang 2002 erklärte das Weiße Haus in einer schriftlichen Pressemitteilung, die die Kritik an den Haftbedingungen im Camp X-Ray dämpfen sollte: »Manche Behandlungsformen sind nicht vereinbar mit dem außerordentlichen Sicherheitsrisiko, das diese Häftlinge darstellen, denn sie sind extrem gewalttätig und gefährlich und bilden eine Bedrohung sowohl für die US-Soldaten, die sie bewachen, als auch für jedermann sonst.« Doch seither wurden 150 von ihnen freigelassen. Unter ihnen haben nach Aussagen von Geheimdienstmitarbeitern, die in der *New York Times* zitiert werden, gerade mal fünf Personen nach ihrer Freilassung Gewaltakte gegen US-Streitkräfte oder sonst jemanden verübt. Ein ranghoher Pentagonbeamter, der mit der Auswertung von Informationen befasst ist, sagte mir, er fände das überraschend: »Offen gestanden«, meinte er ohne jede Ironie, »hätte ich gedacht, dass sie, auch wenn sie vor ihrer Ankunft in Gitmo keine Terroristen waren, doch welche sein müssten, wenn sie wieder herauskommen.« Viele der Freigelassenen hatten in Guantánamo die ganze Zeit über geltend gemacht, was Lietzau zufolge niemals Thema war: »Halt, wartet mal eben, ich gehörte gar nicht zu den Taliban.« Oft dauerte es zwei Jahre und länger, bis man ihren Protesten endlich Glauben schenkte.

Ein weiterer freigelassener Brite ist Tarek Dergoul, der aus dem Ostteil Londons kommt. Dieser schmächtige, schlanke Mann hatte Schwierigkeiten beim Gehen: Wochenlang versäumten es die Amerikaner, die ihn in Afghanistan gefangen genommen hatten, seine erfrorenen Füße zu behandeln, bis schließlich ein großer Zeh nekrotisiert war und amputiert werden musste. Außerdem verlor er infolge der Verwundung durch einen Granatsplitter den größten Teil seines linken Arms.

Dergoul wurde im Dezember 1977 als Sohn marokkanischer Eltern in Mile End geboren und war vor Jahren in Schwierigkeiten, weil er einen Computerchip gestohlen hatte; man verurteilte ihn zu gemeinnütziger Arbeit. Nach dem Schulabschluss mit 15 Jahren hatte er nacheinander verschiedene Arbeitsstellen: Er verkaufte Thermopenglas, machte Büros sauber, fuhr Minitaxi und arbeitete als Pfleger in einem Altenheim in Suffolk. Da er im Londoner Osten zu Hause war, hatte er viele Freunde aus Pakistan, und im Juli 2001 entschloss er sich zu einem längeren Ferienaufenthalt dort. »Bevor ich losfuhr«, sagte er, »hatte ich noch nie von Osama bin Laden oder den Taliban gehört und wusste nicht, wo Afghanistan liegt. Ich war unpolitisch und las keine Zeitungen. Meine Eltern sind gläubig, aber ich selbst bin nie in die Moschee gegangen.«

Nach den Anschlägen vom 11. September kam ihm selbst und zwei pakistanischen Freunden eine Geschäftsidee, die sich im Nachhinein als die schlechteste Unternehmung aller Zeiten herausstellte. Dergoul besaß 5000 englische Pfund in bar, die er mit den Ersparnissen seiner Freunde zusammenlegte. »Unser Plan war, in einem Gebiet, wo keine Bomben fielen, ein Haus mit Grundstück zu kaufen. Wir meinten, wir könnten es sehr billig erstehen und dann nach dem Krieg mit Gewinn verkaufen.« Sie reisten nach Jalalabad und sahen sich mehrere leer stehende Häuser an. Kurz vor der Unterzeichnung eines Kaufvertrages verbrachten Dergoul und seine Freunde die Nacht in einem der leer stehenden Häuser. Während sie schliefen, fiel eine Bombe darauf und tötete seine Freunde. Er lief ins Freie, wurde aber von einem anderen explodierenden Geschoss getroffen. Fast eine Woche lang lag er, verwundet und unfähig zu gehen, in den Ruinen, trank aus einem noch funktionierenden Wasserhahn und ernährte sich von Keksen und Rosinen, die er in der Tasche hatte. Da er ohne Schutz gegen die eiskalte Witterung war, erfroren ihm die Zehen und wurden schwarz.

Schließlich fanden ihn Soldaten, die für die Nordallianz kämpften. Sie behandelten ihn gut und brachten ihn in ein Krankenhaus, wo er Essen bekam und dreimal am Arm operiert wurde. Doch nach fünf Wochen fuhr man ihn zu einem Flugfeld und übergab ihn den Amerikanern, die mit einem Hubschrauber gekommen waren. Dergoul sagte, die Amerikaner hätten 5000 Dollar Kopfgeld für ihn bezahlt. Viele von denen, die er in Gitmo traf, waren auf dieselbe Weise »gekauft« worden.

John Sifton, der für Human Rights Watch Nachforschungen in Afghanistan betreibt, erzählte mir, 5000 Dollar sei die Standardprämie, die die Amerikaner für einen »Terrorismus«-Verdächtigen zahlten, und er selbst sei bei seinen Gesprächen mit ehemaligen Häftlingen in Afghanistan und Pakistan auf viele entsprechende Beispiele gestoßen. Als vermeintliche Terroristen, sagte er, »waren all diese Personen besonders extreme Fälle von verkannter Identität – einfach die falschen Leute: ein Bauer; ein Taxifahrer mit seinen Fahrgästen; Menschen ohne jede Verbindung zu den Taliban oder zum Terrorismus, die diese sogar verabscheuten oder bekämpften«. Zusätzlich zu den Opfern der Kopfgeldjäger, so Sifton, gab es auch eine Gruppe von Häftlingen, die denunziert und festgenommen wurden, nachdem sie in Streitereien um ein Geschäft oder um Grund und Boden verwickelt waren; und er nannte Beispiele, die einem »Landraub« gleichkamen. In vielen Fällen wurden im Anschluss an die Verbringung der Häftlinge nach Gitmo deren Häuser und sonstigen Besitztümer zur Beute anderer.

Die Amerikaner brachten Dergoul mit dem Hubschrauber zum Gefangenenlager am Luftstützpunkt Bagram in der Nähe von Kabul, wo Gewalt und sexuelle Erniedrigung allem Anschein nach an der Tagesordnung waren. »Als ich eintraf, einen Sack über den Kopf gestülpt, wurde ich nackt ausgezogen und in einen großen Raum geführt, wo sich 15 bis 20 Militärpolizisten aufhielten. Zuerst machten sie Fotos, dann folgte eine vollständige Inspektion der Körperöffnungen. Dabei machten sie Nahaufnahmen, vor allem von meinen Geschlechtsteilen.« Womöglich weil er Brite war, blieben ihm, so Dergoul, die Schläge erspart, die in Bagram, wie er sehen konnte, anderen verabreicht wurden. In den Nachbarkäfigen »ließen Wärter, bewaffnet mit Schusswaffe und Baseballschläger, die Häftlinge stundenlang hocken, und wenn sie vor Erschöpfung umfielen, schlugen sie auf sie ein, bis sie das Bewusstsein verloren. Sie nannten das ›umhauen‹.«

Die Männer, die Dergoul verhörten, beschuldigten ihn immer wieder, er habe, als sich Osama bin Laden zuletzt in der Bergregion von Tora Bora aufhielt, auf Seiten Al Qaidas gekämpft. (Es ist denkbar, dass die Kopfgeldjäger der Nordallianz dies behauptet hatten, um eine Rechtfertigung für die Prämie zu liefern.) Damals hatte er, so seine Versicherung, keinerlei Vorstellung, was Tora Bora bedeutete, und war niemals dort gewesen. Doch im Laufe der 20 bis 25 Verhöre in Bagram – zu denen auch eine Sitzung mit einem MI-5-Team gehörte – sagte man ihm, wenn er nicht geständig sei, werde man das Vermögen seiner Familie beschlagnahmen; gestehe er aber, werde man ihn nach Hause schicken. »Ich hatte extreme Schmerzen durch die Erfrie-

50

rungen und andere Verletzungen, und ich war so schwach, dass ich kaum stehen konnte. Es war eiskalt, und ich zitterte und bebte wie eine Waschmaschine. Am Ende bekannte ich, ich sei in Tora Bora gewesen – aber bin Laden sei ich nie begegnet.«

Nach etwa einem Monat, im Februar 2002, wurde Dergoul Richtung Süden in ein anderes Lager bei Kandahar gebracht. Seine Erinnerungen an diese Zeit sind verschwommen: Dort begann die Blutvergiftung in seinen unbehandelt gebliebenen Füßen, und als die Infektion sich im Körper ausbreitete, wurde er einer weiteren Amputation unterzogen. In den drei Monaten, die er dort verbrachte, konnte er nur zweimal duschen. Schließlich, am 1. Mai, rasierte man ihm Kopfhaar, Bart und Schamhaare ab, zog ihm eine Schutzbrille und einen orangegelben Overall über, injizierte ihm ein Sedativum und flog ihn nach Guantánamo Bay.

Die Berichte über Gefangene, die noch immer in Gitmo sitzen, lassen vermuten, dass auch bei ihnen das Beweismaterial, mit dem belegt werden sollte, dass sie »Terroristen« sind, äußerst fragwürdig ist, und viele von ihnen wurden wie Dergoul weitab von jeder Kampfhandlung gefangen genommen – in einigen Fällen sogar in Ländern, die gar nicht am Krieg teilnahmen. Airat Wakitow, einer von acht in Gitmo festgehaltenen Russen, wurde zuerst nicht von der Nordallianz, sondern von den Taliban aufgegriffen, die ihn sieben Monate lang in ein dunkles, stinkendes Verlies sperrten und häufig schlugen, weil sie ihn verdächtigten, als Spion für den russischen Geheimdienst SWR zu arbeiten. Als das Regime zusammenbrach, entdeckte ihn dort ein Reporter von *Le Monde*, und damals muss er sich gedacht haben, er sei auf dem Weg in die Freiheit. Stattdessen übernahmen ihn die Amerikaner und schickten ihn nach Guantánamo Bay.

Moazzem Begg, Vater von vier Kindern (das jüngste hat er nie gesehen) lebte in der britischen Stadt Birmingham. Im

Jahr 2001 nahm er seine englische Frau Sally und die übrige Familie mit nach Afghanistan und eröffnete dort eine Grundschule. Unmittelbar nach dem 11. September flohen sie aus Furcht vor dem kommenden Krieg nach Pakistan. In dessen Hauptstadt Islamabad wurde Begg in einer Januarnacht des Jahres 2002 aus dem Haus, das die Familie gemietet hatte, um drei Uhr morgens verschleppt. Die Männer, die ihn festgenommen hatten, versäumten jedoch, ihn gründlich zu durchsuchen: Noch bevor er seinen Bestimmungsort erreichte, konnte er vom Handy aus seinen Vater in England anrufen und ihm mitteilen, er sei von Amerikanern gefangen genommen und in den Kofferraum eines Autos gepackt worden.

Beggs Familie, die bestreitet, dass er irgendetwas mit den Taliban oder Al Qaida zu tun hatte, beantragte vor pakistanischen Gerichten einen Haftprüfungstermin, bei dem alle einschlägigen Regierungsstellen unter Eid aussagten, er sei nicht ihr Gefangener, und versicherten, sie hätten keine Ahnung von seinem Verbleib. Er wurde nach Bagram gebracht, wo er ein Jahr blieb. Anfang 2003 traf er dann schließlich in Gitmo ein.

Seine Anwältin, Gareth Peirce, ist Bürgerrechtsveteranin. Dank ihrer Anstrengungen wurden schon einmal, in einem anderen Antiterrorkrieg, nämlich Großbritanniens Kampf gegen die Irisch-Republikanische Armee, mehrere Justizirrtümer aufgedeckt. »Beggs Festnahme war rechtswidrig«, sagte sie, »und das müsste eigentlich Anfang und Ende seiner schlimmen Lage sein.« Wie andere Anwälte, die versuchen, Häftlinge in Gitmo juristisch zu vertreten, kann sie ihrem künftigen Mandanten nicht einmal schreiben, geschweige denn ihn aufsuchen. »Es scheint eine neue Weltordnung zu geben, die Hinnahme totaler Illegalität. Nach dem Zweiten Weltkrieg kamen all diese großartigen Verträge – die Genfer Konventionen, die Ächtung der Folter –, und alle sind in Fetzen gerissen worden. Im Endeffekt lässt man zu, dass das internationale Recht neu geschrieben wird.«

Wahhab und Bisher al-Rawi sind Brüder und beide Ende dreißig. Geboren wurden sie im Irak, kamen aber als Kinder nach England, als ihr Vater von Saddam Husseins Geheimdienst verhaftet und gefoltert wurde. Zusammen mit der übrigen Familie nahm Wahhab die britische Staatsangehörigkeit an. Bisher dagegen behielt seine irakische Staatsbürgerschaft. Die Familie hatte im Irak wertvolle Ländereien zurückgelassen und meinte, wenn einer von ihnen Iraker bliebe, würde es leichter sein, ihr Eigentum zurückzufordern, sobald es mit Saddams Regime zu Ende wäre.

Im November 2002 reisten die Brüder zusammen mit zwei anderen Männern – dem Jordanier Jamil el-Banna, der seit 25 Jahren in Großbritannien lebte, und dem Briten Abdullah al-Janoudi – nach Gambia, jenem winzigen, nur etwa 30 Kilometer breiten Staatsstreifen an der Westküste Afrikas. Sie hatten eine neue Geschäftsidee: eine mobile Fabrikanlage zur Verarbeitung von Erdnüssen, die Gambias wichtigstes landwirtschaftliches Produkt bilden. Wenn sie mit dieser Anlage zu den Bauernhöfen führen, statt die Nüsse zu einer zentralen Fabrik zu transportieren, würden sie Kosten sparen und die Gewinne maximieren können. Die vier Männer hatten ihre Ersparnisse in das Projekt gesteckt, und Wahhab al-Rahwi hatte wieder eine Hypothek auf sein Haus genommen. Alles in allem brachten sie annähernd eine Million englische Pfund auf.

Wahhab fuhr als Erster los, und mit Unterstützung eines einheimischen Agenten gab er den größten Teil des Geldes für technische Ausrüstung, Fahrzeuge, ein Büro und sonstige Dinge aus. Als die anderen drei Männer in Gambias Hauptstadt Banjul eintrafen, stand Wahhab am Flughafen, um sie abzuholen. Aber dort wurden alle vier mitsamt dem Agenten vom gambischen Geheimdienst verhaftet. Der

Agent wurde nach drei Tagen freigelassen. Die al-Rawi-Brüder und ihre Partner dagegen verschwanden, jedenfalls für die Außenwelt. »Beim ersten Verhör waren nur Gambier anwesend, und ich zeigte ihnen alle Papiere, die sich auf das Unternehmen bezogen«, sagte Wahhab al-Rawi. »Wir waren in einem Raum im Hauptquartier des Geheimdienstes, und dann kam so ein riesiger Amerikaner rein. Er sagte, er heiße Lee, und er würde uns gern ein paar Fragen stellen. Er sagte, es würde nicht mehr als vier Tage dauern.«

Stattdessen wurden die vier Männer im Laufe der folgenden 27 Tage in verschiedene konspirative Wohnungen gebracht und dort in regelmäßigen Abständen vernommen, sowohl von Lee als auch von anderen Amerikanern und den Gambiern: mal allein, mal zusammen. Al-Rawi sagte, die Personen, die sie verhörten, hätten ihnen den Plan unterstellt, in einer ländlichen Gegend Gambias ein terroristisches Trainingslager aufzubauen, wobei sie die Fertigkeiten nutzen wollten, die sein Bruder Bisher sich bei seinen Hobbys – Tauchen und Fallschirmspringen – erworben habe. Diese Behauptung war, wie Wahhabi unterstrich, schon per se unglaubwürdig. Gambias größter Industriezweig ist der Tourismus, der nur deshalb läuft, weil es Menschen aus westlichen Ländern nach seiner tropischen Sonne gelüstet. In einer solchen Gegend würde es nicht leicht sein, ein Trainingslager zu verstecken. Außerdem ist Gambia zwar ein muslimisches Land, hat aber auch eine große christliche Minderheit. »Ich habe kooperiert; ich gab ihnen auf alles Antwort«, sagte Wahhab al-Rawi. »Aber offenbar wussten sie nicht recht, was sie wollten. Bei einer Sitzung fragten sie sogar, ob ich für den britischen Geheimdienst arbeite.«

Es gab keine körperlichen Misshandlungen, so Wahhab, aber hin und wieder versuchten es Lee und seine amerikanischen Kollegen mit Drohungen: »Sie sagten: ›Wir sind hier, um dich zu schützen, ohne uns könnten sich die Gambier durchaus einen Mord erlauben.‹ Doch mein Vater war unter Saddam in die Hölle gegangen und zurückgekommen. Es beeindruckte mich nicht.« Bisher al-Rawi war offenbar mit dem islamischen Gelehrten Abu Qatada zusammengetroffen, der seinen Hauptsitz in London hatte und später von der britischen Regierung aufgrund ihrer nach dem 11. September erlassenen Antiterrorgesetze ohne Anklageerhebung inhaftiert wurde. Aber keiner der vier, sagte Wahhab, hatte auch nur irgendwie mit Politik zu tun, geschweige denn mit radikal-islamistischer Militanz: »Mein Bruder Bisher? Er kann's nicht mal richtig schreiben.«

Die Familien der Männer drängten die britische Regierung, sich einzuschalten. Offenbar wurden im Fall der beiden britischen Staatsbürger Wahhab und al-Jahoudi Proteste vorgetragen. Aber was Bisher betraf, so teilte das britische Außenministerium seiner Familie mit, für ihn sei es nicht zuständig. Man riet ihnen, sich an die irakische Regierung zu wenden – ungeachtet der Tatsache, dass die al-Rawis vor dieser Regierung, gegen die Großbritannien und Amerika gerade Krieg führen wollten, geflohen waren. Wahhab al-Rawi und al-Jahoudi wurden schließlich freigelassen und mit dem Flugzeug nach England zurückgebracht. Die beiden anderen Männer wurden von den Amerikanern zuerst nach Bagram und einen Monat später nach Guantánamo verfrachtet. »Sie müssen sie irgendwann freilassen, sie haben nichts getan«, sagte Wahhab zu mir. Aber er und seine Partner sind ruiniert. »Alles – alles, was wir investiert haben – ist weg. Wir haben nichts davon zurückbekommen.« Tarek Dergoul hat Bisher in Gitmo kennen gelernt. Er habe ihm gesagt, er sei sicher, dass er und seine Freunde denunziert wurden, weil jemand die Absicht hatte, ihnen ihr Geld und ihre ganze Betriebseinrichtung zu stehlen.

Weitere sechs Häftlinge in Guantánamo wurden von amerikanischen Geheimdienstagenten in Bosnien festgenommen, und zwar unmittelbar nachdem der bosnische

Gerichtshof für Menschenrechte den Vorwurf, ihr islamischer Wohltätigkeitsverein unterhalte Verbindungen zum Terrorismus, entkräftet hatte. Die interne Gitmo-Chronologie erwähnt dieses Ereignis und merkt an, Donald Rumsfeld persönlich habe es autorisiert. Martin Mubanga, ein britischer Gefangener afrikanischer Herkunft, wurde unter immer noch ungeklärten Umständen in Sambia festgenommen.

Insgesamt, so heißt es in einem im November 2003 publizierten Bericht von Human Rights Watch, haben die Amerikaner »in wiederholten Fällen irrtümlich Personen festgenommen, deren Identität ihnen unbekannt war und von denen einige sich später als Zivilpersonen entpuppten, die nichts mit irgendwelchen terroristischen ... Aktivitäten zu tun hatten. Wie alle Häftlinge werden auch diese Menschen in unbefristeter Isolationshaft gehalten und je nach Laune der US-Beamten freigelassen oder nicht.«

Wenn Angehörige des amerikanischen Lagerpersonals offen reden, dann räumen sie ein, dass das Ausmaß dieser Ungerechtigkeit, allein die Anzahl von Menschen, die unter strengsten Bedingungen festgehalten, immer wieder verhört und vor aller Augen gedemütigt werden, sie schwankend macht. Bei meinem Besuch in Gitmo im Oktober 2003 erzählte mir einer der Wärter, er habe während seiner Zeit »hinter Stacheldraht« den Eindruck gewonnen, dass viele Gefangene gar keine Terroristen seien, auch wenn seine Vorgesetzten dies ständig beteuerten – seiner Ansicht nach seien mindestens 200 der in den Hochsicherheitstrakts Festgehaltenen völlig ungefährlich. Das Urteil eines ranghohen Beamten im Pentagon, der umfassende Kenntnisse über Guantánamo besitzt, fiel noch kritischer aus. »Mindestens zwei Drittel« der 600 Häftlinge, die im Mai 2004 noch festgehalten wurden, könnten nach seinen Worten ohne Zögern sofort freigelassen werden.

Im Juni 2004 erschien in der *New York Times* ein langer,

kritisch recherchierter Artikel über Gitmo, in dem aufgedeckt wurde, dass die CIA im September 2002 eine streng geheime Studie über die dort Inhaftierten verfasst hat. Sie kam zu dem Schluss, dass »viele der beschuldigten Terroristen anscheinend unbedeutende Neulinge waren, die nach Afghanistan gingen, um die Taliban zu unterstützen, oder gar Unschuldige, die im Chaos des Krieges mit eingesackt wurden«. Der *Times* zufolge sagten zahlreiche Regierungsbeamte, die diesen Lagebericht gesehen hatten, »im Verhältnis zur Gesamtzahl seien nur eine Hand voll – die einen nennen ein Dutzend, andere mehr als zwei Dutzend – geschworene Al-Qaida-Mitglieder oder sonstige militante Anhänger, die Aufklärung über den inneren Funktionsmechanismus der Organisation geben könnten«. Unter ihnen sei keiner ein führender Kopf oder ein »hochrangiger aktiver Kämpfer«.

Major John Smith, Militärrechtsexperte und einer der Pentagon-Pressesprecher in Sachen Guantánamo, ergänzte Lietzaus Aussage, es habe nie eine Notwendigkeit bestanden, in Gerichtsverhandlungen die jeden Häftling betreffenden Tatsachen festzustellen, durch ein weiteres Argument. Grund dafür sind ihm zufolge nämlich »die extensiven Überprüfungen«, die die Vereinigten Staaten veranlasst hätten. Ähnliches ließen auch Rumsfeld und Cheney verlauten. In Afghanistan, so Smith, »haben wir mehr als 8000 Personen festgenommen, von denen die meisten überprüft wurden, woraufhin man eine weitere Inhaftierung weder für angemessen noch für erforderlich hielt. Diejenigen, die jetzt in Guantánamo sitzen, wurden noch im Land selbst als Personen von besonderem Interesse eingestuft. Sie wurden aus dem Operationsgebiet entfernt und werden da unten jetzt kontinuierlich bewertet.« Nach seiner Ansicht reiche dieses rein bürokratische, verwaltungsförmige System aus, um jeder Ungerechtigkeit vorzubeugen.

Andere sehen das nicht so. Lieutenant Colonel Anthony Christino III ist am 1. Juni 2004 nach zwanzigjähriger Tätigkeit im militärischen Nachrichtendienst als Pensionär aus der US-Armee ausgeschieden. Einer seiner letzten Einsätze beförderte ihn ins Zentrum des vom Pentagon geführten Antiterrorkrieges, und zwar als ranghoher Wachoffizier bei der Zentraleinheit namens Joint Intelligence Task Force – Combating Terrorism (JITF-CT). Während seiner Schicht sei er für alles zuständig gewesen, was reinkam oder rausging, darunter auch »Analysen heikler, zeitsensibler Nachrichten« über mögliche drohende Anschläge. Zu solchen Nachrichten hätten vermutlich auch Informationen gehört, die aus den in Guantánamo durchgeführten Vernehmungen stammten. Bei seinem vorangehenden Dienst in Deutschland gehörte es zu seinen Aufgaben, dem Stab einen Überblick über Nachrichtenscreening und Vernehmungen im gesamten Balkan, aber vor allem im Kosovo zu verschaffen. Eine Schlüsselrolle spielte er ferner bei der Koordination der nachrichtendienstlichen Zuarbeit für Einheiten in Afghanistan und Guantánamo. Nach Christinos Ansicht war der Überprüfungsprozess in Afganistan »von Anfang an mangelhaft«.

Christino, der auch das Amt eines Militärhistorikers innehat, berichtete mir, die Mängel bei der Armee hätten tief gehende geschichtliche Ursachen. Nach dem Vietnamkrieg habe die US-Armee jahrzehntelang die so genannte HUMINT – Abkürzung für Human Intelligence, die Informationsbeschaffung aus Agentenquellen – und die damit zusammenhängende Kunst der Gefangenenvernehmung vernachlässigt. Stattdessen habe sie übermäßiges Gewicht auf ein Hightech-Operationskonzept namens »CEWI« (Combat Electronic Warfare Intelligence) gelegt. Die Mitarbeiter des militärischen Nachrichtendienstes verbrachten ihre gesamte Zeit mit der Auswertung aufgefangener Meldungen und dem eifrigen Studium fotografischer Bilder, die aus Flugzeugen oder von Satelliten gemacht worden waren, statt zu lernen, wie man eine Beziehung zu einem Gefangenen aufbaut und dann, wenn er zu reden anfängt, in Erfahrung bringt, ob er die Wahrheit sagt. »Wir waren viel zu verliebt in die Technologie und haben es versäumt, den Leuten selber Fertigkeiten beizubringen.« Mit seiner Spezialisierung in Spionageabwehr und HUMINT, so Christino, galt er als jemand, der »aus dem Mainstream ausschert«. Schon in den Anfängen seiner Berufslaufbahn habe ihm ein ihm wohlgesonnener vorgesetzter Offizier warnend gesagt, die Konzentration auf diese nachrichtendienstlichen Disziplinen könnte im »beruflichen Selbstmord« enden.

Christino zufolge wird nur selten zur Kenntnis genommen, dass es zurzeit in der US-Armee *keine* Angehörigen des militärischen Nachrichtendienstes im Offiziersrang gibt, die sich, wie das während des Vietnamkrieges und davor der Fall war, auf Vernehmungen spezialisieren. Heute wird diese entscheidende Arbeit den Offiziersanwärtern (als Verhörtechniker) und den Soldaten im Mannschaftsrang (als Verhörführende) überlassen. Nur einige wenige Mitarbeiter des militärischen Nachrichtendienstes haben überhaupt eine HUMINT-Ausbildung absolviert, und Vernehmungsverfahren nehmen dann, wenn überhaupt, nur einen kleinen Teil ein.

Mit dem Krieg gegen den Terror wurde die Nachfrage nach solchen Fertigkeiten natürlich mit einem Mal wiederbelebt. Doch im Jahr 2001 waren Christino zufolge die talentiertesten Offiziersanwärter der oberen Ränge und die höheren Unteroffiziere, die ihre Techniken in Vietnam und in den letzten Jahren des Kalten Krieges perfektioniert hatten, bereits im Ruhestand. Übrig geblieben sei eine Generation, die auf dem Balkan, in Haiti und Somalia meist schlampige Methoden gelernt hat, weil sie nicht von der

Anleitung durch erfahrene Vorgesetzte profitieren konnte. »Versuchte ein Offizier der mittleren Ränge, der sich auf dem Gebiet der Spionageabwehr und/oder der HUMINT sachkundig gemacht hatte, andere darin anzuleiten, wurde er einfach von höheren Offizieren beiseite gedrängt, die von Kopf bis Fuß auf CEWI eingeschworen waren.«

Christino fand es nicht überraschend, dass die US-Armee in Afghanistan – wie es in einem »nachträglichen« internen Bericht des Pentagons hieß – »wachgerüttelt wurde«. Die dort stationierten Soldaten des militärischen Nachrichtendienstes waren »viel zu schlecht ausgebildet«, um echte Terroristen von gewöhnlichen Talibanmilizen zu unterscheiden. Viele dieser Soldaten, so Christino, waren knapp unter oder über zwanzig und kamen »frisch aus Fort Huachuca«, dem Ausbildungszentrum des militärischen Nachrichtendienstes in Arizona. Um dort zugelassen zu werden, mussten sie einen High-School-Abschluss vorweisen und bei den Eingangstests der Armee gut abgeschnitten haben. Aber schon nach einer 16-wöchigen Spezialausbildung wurden sie auf Gefangene wie etwa Asif Iqbal und Tarek Dergoul losgelassen. Wie gut konnte ein junger Soldat in dieser Zeit werden? »Nicht besonders gut«, sagte Christino. »Diesen Jugendlichen – sie mögen noch so helle sein und noch so engagiert ihre Mission erfüllen – fehlt ausreichende Lebens- und mehr noch Berufserfahrung. Nehmen Sie dagegen die entsprechenden Leute in den Strafverfolgungsbehörden: Polizeibeamte haben in aller Regel ein Lehrbeauftragten- oder Bachelorexamen in Strafrecht abgelegt und tun dann drei bis fünf Jahre lang polizeilichen Routinedienst, bis sie sich überhaupt um den Posten eines Kriminalbeamten bewerben können. Die Armee müsste verlangen, dass Soldaten des militärischen Nachrichtendienstes ein vergleichbares Maß an Einarbeitung vorweisen, ehe sie HUMINT-Spezialisten und zuständig für Überprüfungen oder Vernehmungen werden.«

Schlimmer noch: Sie hatten mit Gefangenen zu tun, die auf der anderen Seite einer tiefen kulturellen Kluft standen, und waren fast ausnahmslos auf Dolmetscher angewiesen, die in der Mehrzahl von Fall zu Fall für private Unternehmen arbeiteten. Diese waren oftmals, so Christino, von miserabler Qualität. Ein Bericht des Pentagons, 2003 verfasst von Lieutenant Colonel Bob Chamberlin, bestätigt diese Auffassung. Sowohl im Irak als auch in Afghanistan, heißt es dort, »hat der Mangel an kompetenten Dolmetschern die Operationen auf dem gesamten Kriegsschauplatz behindert ... Unter dem Strich hat die US-Armee nicht einen Bruchteil der Sprachkundigen, die sie brauchte, um im Zuständigkeitsbereich des CENTCOM zu operieren. Für Sprachen wie Dari, Paschtu und die zahlreichen arabischen Dialekte sind wir auf Gelegenheitsdolmetscher angewiesen ... Sie mögen lachen, aber viele der Dolmetscher, mit denen ich gesprochen habe, waren Kaufhausangestellte und Taxifahrer. Keiner von ihnen hatte zuvor Erfahrungen mit dem Militär gemacht. Die meisten Militärdolmetscher im Irak und in Afghanistan haben bei der Eignungsbeurteilung im Durchschnitt das Rating 2/2 erhalten – womit sie so gerade imstande sind, den Unterschied zwischen burro und burrito zu definieren.«

Nach Christinos Worten kam in Afghanistan ein weiterer Faktor hinzu, der die mangelnde Erfahrung der für die Überprüfung Verantwortlichen und ihre Verständigungsschwierigkeiten noch verschlimmerte. Wie zahlreiche freigelassene Häftlinge aussagten, »wurden anfangs nur wenige Menschen im Zuge von Kämpfen gegen die US-Truppen festgenommen. Fast alle wurden ausgeliefert: von der Nordallianz, von pakistanischen Truppen oder von anderen, die merkten, dass sie dabei etwas herausschlagen konnten. Es war allgemeine Praxis, die eigenen Gefangenen an die US-Armee zu verkaufen, und dabei brachte man so etwas wie einen Werbespruch mit – eine Story, die unsere Truppen überzeugen sollte, dass diese Leute ihren Wert hatten. Mal konnte ihre Geschichte wahr sein, mal konnte sie Fiktion, ein anderes Mal eine Kombination aus beidem sein. Das Problem war nur, dass unsere Soldaten beim Nachrichtendienst angesichts ihrer unzureichenden Ausbildung, ihrer geringen Erfahrung und der dürftigen Übersetzungen im Allgemeinen unfähig waren, den Unterschied zu erkennen.«

Die meisten Soldaten des militärischen Nachrichtendienstes hatten, so Christino, den aufrichtigen Wunsch, das Richtige zu tun, nach dem 11. September »ihren Beitrag zu leisten«. Doch für einen Gefangenen, der unschuldig war, konnte das katastrophale Folgen haben. »Stellen Sie sich vor: Ein führender Offizier der Nordallianz sagt Ihnen, dieser Mann sei Araber und im terroristischen Trainingslager gewesen; Sie glauben das gern und wollen keinesfalls das Risiko eingehen, eine gefährliche Person laufen zu lassen. Um ein anderes Szenario zu nehmen: Wenn Sie erführen, dass jemand häufig eine Moschee besucht, die feste Verbindungen mit Al Qaida hat, wie bekommen Sie heraus, ob er von dieser Verbindung überhaupt wusste? Er braucht nur ein vergleichsweise frommer Muslim zu sein – nicht mal ein Fundamentalist –, der seine Andacht in dieser Moschee verrichtet, weil es für ihn am bequemsten ist. Um bloß nichts falsch zu machen, schreiben Sie dann vielleicht in einem Bericht: ›Diese Person beteiligte sich an Aktivitäten in einer Moschee, von der man weiß, dass sie Verbindungen zu Al Qaida unterhält.‹

Hinzu kommt Folgendes: So wie es vermutlich einen Wettkampf zwischen Panzerabwehrtruppen gab, von denen jede die meisten ›Abschüsse‹ gegen Panzerwagen der Taliban verbuchen wollte, so gab es wahrscheinlich auch etwas wie Rivalität zwischen den Teams des Nachrichtendienstes. Man möchte, dass das eigene Team die höchste Erfolgsquote erzielt. In den Schlachten des Vietnamkrieges hieß das: Wenn einer eine Leiche in schwarzer Montur hatte, dann war das natürlich ein Vietcong. Im Kontext nachrichtendienstlicher Operationen in Afghanistan heißt das: Man verhört einen Mann mit Turban und Bart, also muss er Taliban oder Al-Qaida-Mitglied sein. Dann schreibt man das alles schön auf, und schon ist er auf dem Weg nach Guantánamo, während das eigene Team Punkte macht. Solche Überlegungen laufen vermutlich viel häufiger unterbewusst als bewusst ab.«

Hohe Erfolgsquoten dieser Art können, so Christino, für die Laufbahn eines Soldaten durchaus von Nutzen sein und in seiner formellen Beurteilung erwähnt werden. »Ein Sergeant, der auf seinem Beurteilungsbogen einen besonders hervorgehobenen Vermerk hat à la: ›verhörte mehr als X Häftlinge in Afghanistan; Y wurden nach Guantánamo geschickt‹, würde natürlich vor einem Beförderungsausschuss sehr gut dastehen.«

Das letzte Teilchen in dem von Christino gezeichneten Bild war die Tatsache, dass es keinerlei Kontrolle gab. Wenn Entscheidungen und Klassifizierungen durch die Befehlskette nach oben weitergereicht wurden, fanden sich nur wenige, die bereit waren, die »Parteilinie in Frage zu stellen« oder, wie oben erwähnt, das Risiko auf sich zu nehmen, einen Häftling freizulassen, den ein anderer als potenziellen Terroristen bezeichnet hatte. Jeder, der Überprüfungen durchführte, sollte seine Informationen zwar mit den Datenbanken des US-Geheimdienstes abgleichen. In der Praxis jedoch blieb diese Analyse in aller Regel ganz oberflächlich. Wurde ein Häftling beschuldigt, er habe ein bestimmtes Ausbildungslager besucht, und aus der Datenbank ging hervor, dass es einen solchen Ort nie gegeben hat, dann konnte er Glück haben. Andere falsche Behauptungen wurden mit hoher Wahrscheinlichkeit gar nicht aufgespürt. Außerdem stand in Kandahar – für die meisten Häftlinge, die nach Gitmo fliegen mussten, die letzte Station – selbst dieser grundlegende Abgleich nicht immer zur Verfügung. Der von Chamberlin verfasste Bericht zeigt, dass UKW- und Handyverbindungen dort nur sporadisch funktionierten. Eine Folge der dürftigen Kommunikationsmittel bestand darin, dass die Teams [des Nachrichtendienstes] weder Zugang zu den primären Datenbanken noch zu den von anderen HUMINT-Agenturen im Land gesammelten Informationen hatten.«

Das Strafrecht auf beiden Seiten des Atlantik hat eine gemeinsame Doktrin: »Früchte vom giftigen Baum« – das heißt Beweismaterial aus trüben Quellen – dürfen vor keinem Gericht zugelassen werden. Die von Christino und in Chamberlins Bericht geschilderten Mängel, die der Überprüfungsprozess in Afghanistan aufwies, sind so tief greifend, dass sie jede Inhaftierung in Gitmo in Frage stellen. Aber die Toxine dieses womöglich giftigen Baumes durchdringen noch heute jeden Winkel von Guantánamo Bay.

2 »DER AM WENIGSTEN SCHLECHTE ORT«

»Die Kriegsgefangenen sind jederzeit mit Menschlichkeit zu behandeln ... Die Kriegsgefangenen müssen ferner jederzeit geschützt werden, namentlich auch vor Gewalttätigkeit oder Einschüchterung, Beleidigungen und der öffentlichen Neugier ... Die Unterkunftsbedingungen der Kriegsgefangenen sollen ebenso günstig sein wie diejenigen der im gleichen Gebiete untergebrachten Truppen des Gewahrsamsstaates ... Keinesfalls dürfen Disziplinarstrafen unmenschlich, brutal oder für die Gesundheit der Kriegsgefangenen gefährlich sein.«

Genfer Abkommen über die Behandlung der Kriegsgefangenen. Genf, 12. August 1949

Ganz zu Anfang, im Januar 2002, als sich die Zellen von Camp X-Ray zu füllen begannen und ihre Insassen versuchten, sich an den Gedanken zu gewöhnen, dass sie an einem Ort festgehalten wurden, der aussah wie das Ende der Welt, waren die offenen Metallkäfige die einzigen festen Bauten, die es dort gab. Mehrere Kilometer entfernt, jenseits eines stinkenden, schilfreichen Sumpfgebietes, lag der Marinestützpunkt Guantánamo Bay wie ein Vorposten amerikanischer Zivilisation, der nicht nur eine Offiziersmesse, sondern auch ein Einkaufszentrum, ein McDonald's-Restaurant, Parzellen mit Wohnhäusern und eine Grundschule sein Eigen nennen durfte. Den Insassen und auch den Gefängniswärtern von Camp X-Ray war ein derartiger klimatisierter Komfort versagt. Die US-Marines, die als erste Wärter dort arbeiteten, lebten in Zelten, in denen sie zur leichten Beute der in Gitmo zahllos vorhandenen Insekten und der erbarmungslosen tropischen Hitze wurden.

Wenn es nachmittags, was häufig geschah, wolkenbruchartig regnete, verwandelte sich der Boden ihres Lagers in dampfenden Morast.

Die Wachsoldaten – mit ihrer von den Reden der amerikanischen Generäle und führenden Politiker angeheizten Fantasie – schienen, so erzählte mir Carol Rosenberg vom *Miami Herald*, panische Angst vor den Häftlingen zu haben. »Man hat ihnen gesagt, sie seien fanatische Terroristen, die ihnen womöglich die Kehle durchschneiden könnten.« Einige Tage, nachdem das Lager in Betrieb genommen worden war, brachte man Rosenberg zusammen mit ein paar Pressekollegen auf einen nahe gelegenen Hügel, von dem aus sie es in Augenschein nehmen konnten. Als sie angestrengt durch ihre Ferngläser blickten, sahen sie verblüfft, wie gefesselte Häftlinge, die man mit Hand- und Fußschellen an fahrbare Krankenbahren gekettet hatte, aus ihren Käfigen zur ersten Vernehmung gebracht wurden. Die Fotografen knipsten wie wild und brachten eine weitere Serie vernichtender Bilder zustande, die sich rasch über die ganze Welt verbreiteten. Ihre Veröffentlichung führte zu einem sofortigen Wechsel im Prozedere: Von nun an gingen die Häftlinge zu Fuß, freilich in Hand- und Fußschellen, zu ihren Verhören.

Das damalige Regelsystem, wie es ehemalige Gefangene, die die ersten Wochen des Lagers überstanden, beschrieben haben, war von extremer Härte. »Es war verboten«, so erinnerte sich Asif Iqbal, »mit der Person in der Nachbarzelle zu reden. Zu den Gebetszeiten durfte man sich nicht in Richtung Mekka wenden. Und das Essen war einfach furchtbar: ein kleines Häufchen Reis und ein paar Bohnen mitten auf einem riesigen Teller. Wir nannten es: *nouvelle cuisine* auf amerikanisch.« Von den Verhören abgesehen, gab es keinerlei Beschäftigung. Oft stattete ihnen die exotische Tierwelt von Guantánamo einen Besuch ab. Der Australier David Hicks wurde im ganzen Camp X-Ray berühmt, weil er mit großem Geschick Mäuse fing. »Wir hatten Feldflaschen ohne Deckel«, erzählte Shafiq Rasul, »deshalb haben wir sie mit unserem Handtuch verstopft, damit die Frösche nicht reinkamen.« Der Nachmittagsregen durchnässte sie bis auf die Haut, und ohne jeden Schutz mussten sie stundenlang in der glühenden Sonne sitzen.

Nachts, so erzählten sie, befahl man ihnen, so zu schlafen, dass die Hände immer auf der Bettdecke lagen; außerdem wurden sie ständig von grellen Scheinwerfern angestrahlt. »Einmal bin ich eingeschlafen, und meine Hände glitten unter die Decke«, sagte Rasul. »Da haben sie Steine gegen meinen Käfig geschleudert.« Ihre kümmerlichen »Dinge des persönlichen Bedarfs« wurden ihnen beim geringsten Verstoß gegen die willkürlichen Lagerregeln weggenommen – nach Rasuls Worten war es sogar verboten, sich gegen die Maschendrahtwände der Zellen zu lehnen. Und im Hintergrund lauerte stets die Drohung mit Gewalt. »Einer kriegte etwas in die Hände, was nicht erlaubt war – ein Stückchen Bindfaden. Die Wärter schleiften ihn aus der Zelle und drückten ihn heftig zu Boden.« Mohammed Saghir, ein pakistanischer Sägewerksbesitzer in den Fünfzigern, mit dem James Meek vom *Guardian* nach seiner Freilassung im Jahr 2003 sprechen konnte, berichtete, damals hätten die Wärter »nicht erlaubt, dass wir zum Gebet rufen oder in unserem Raum [unserer Zelle] beten. Ich versuchte dann doch zu beten, und daraufhin kamen vier oder fünf Leute vom Einsatzkommando und schlugen mich zusammen. Sobald jemand versuchte, zum Gebet zu rufen, schlugen sie ihn zusammen und knebelten ihn.«

Als ich im Frühjahr 2004 zum ersten Mal Ausschnitte aus den Geschichten der freigelassenen Häftlinge publizierte, denunzierte das Pentagon sie öffentlich als »gefälscht und ohne jede Substanz«. Aber nach und nach wurde das, was sie berichteten, in immer größeren Teilen bestätigt, vor allem durch die Enthüllungen im Gefolge der Misshandlung von Gefangenen im Irak. Ihre Aussagen über die Anfänge von Camp X-Ray werden heute durch interne Gitmo-Dokumente gestützt. So erzählten zum Beispiel Isaf Iqbal und Shafiq Rasul, dass die Ketten, in denen sie aus Afghanistan ausgeflogen wurden, ins Fleisch schnitten und Schmerzen verursachten. In einem der Dokumente räumt ein Gitmo-Beamter ein, viele Gefangene hätten schwere »Hautabschürfungen, die von den Fesseln herrühren, in denen sie von Afghanistan hierher gebracht wurden. Wir werden eine Nachricht nach Afghanistan schicken und dort auf das Problem aufmerksam machen.«

Am 17. Januar 2002 durfte das Internationale Komitee des Roten Kreuzes (IKRK) Gitmo zum ersten Mal einen Besuch abstatten. Seine drei Vertreter Urs Bögli, Paul Bonard und Dr. Raed Arurabi sprachen zahlreiche Probleme an, die sich später in einem außergewöhnlichen Task-Force-Memorandum wiederfanden. Das Rote Kreuz hatte zum Beispiel darauf hingewiesen, dass keiner der Häftlinge wusste, wo er sich befand, und dass in vielen arabischen Ländern rote oder gelbe Overalls »bedeuten, dass jemand vor seiner Hinrichtung steht«. Es ergäben sich also, wie der anonyme Autor des Memorandums schreibt, ein paar »Punkte, die der Lagerkommandant bedenken müsste«: »Sollten wir ihnen weiterhin verschweigen, was hier geschieht, und sie in Angst und Schrecken halten? Das IKRK sagt, sie hätten panische Angst. Was bringt es für Vorteile, sie in Angst zu halten, statt ihnen zu sagen, was los ist? ... Die Häftlinge glauben, sie sollten hier erschossen werden.« Die Gefangenen, so das Memorandum weiter, »haben große Mühe zu schlafen, wenn ihre Hände sichtbar bleiben müssen. Die Wärter wecken sie sonst auf.« Außerdem solle der Lagerkommandant »prüfen, ob sich nachts das elektrische Licht dämpfen lässt, damit das Schlafen erleichtert wird«, und entscheiden, ob das Redeverbot für die Gefangenen aufgehoben werden könnte. Ferner sollte er die Möglichkeit erwägen, »kurz geschnittene Bärte« zuzulassen.

Zum Abschluss ihres Besuches trafen sich die Rot-Kreuz-Vertreter am 21. Januar mit hochrangigen Offizieren von Camp X-Ray. Das Gespräch nahm, wie aus dem Protokoll hervorgeht, bisweilen surreale Züge an. Zum Beispiel hatten sich Gefangene bitter darüber beklagt, dass sie beim Toilettengang nicht allein sein durften. Dem Protokoll zufolge »eskortieren die Wärter die Häftlinge in Hand- und Fußschellen zur Toilette. Dort wird die linke Hand des Häftlings losgekettet. Die rechte Hand bleibt in der Handschelle und wird vom Wärter festgehalten. Wir erwägen, in der Toilette beide Hände des Häftlings von den Fesseln zu befreien. Doch die Toilettentür muss geöffnet bleiben und der Häftling von mindestens einem Wärter im Auge behalten werden.« Die Offiziere des Einsatzkommandos wussten sehr wohl, welchen Druck und welche Demütigung diese Prozedur mit sich brachte. Das Protokoll stellt dazu fest: »Männer aus der muslimischen Kultur [*sic*] sind, was ihre Intimsphäre angeht, viel empfindlicher als Männer in der westlichen Kultur.«

Man versprach, den Häftlingen mehrere Zugeständnisse zu machen, darunter die Erlaubnis zu reden, zumindest in »normaler Lautstärke« – während »lautes Sprechen oder Schreien« weiterhin verboten blieb. Die Amerikaner räumten ein, dass manche Häftlinge vier Stunden pro Tag in der prallen Sonne saßen, und sagten, sie dächten daran, »Schutzschirme« aufzustellen, »um für Schatten zu sorgen«, soweit das »mit den Sicherheitsanforderungen vereinbar« sei. Überdies sollte den Gefangenen mitgeteilt werden, dass ihre orangefarbene Kleidung nur bedeutete, dass sie Gefangene seien, und nicht, dass sie erschossen würden; und einer der Gefangenen, dessen Beinprothese konfisziert worden war, werde sie zurückerhalten: »Nach Prüfung der Prothese befand man, das Risiko sei minimal.« Am Ende gaben die Amerikaner ihr festes Versprechen, die Gefangenen mit Unterwäsche auszustatten. »Geplant ist«, so das

Protokoll, »jedem Häftling zwei kurze Unterhosen zu geben«; allerdings stehen »zur Zeit nur kleine Größen zur Verfügung. Größere Unterhosen werden angefordert.«

Zurückgewiesen wurde indes bis auf weiteres die Bitte der Häftlinge, sich körperlich bewegen zu dürfen, und zwar mit der Begründung, dass noch Bauarbeiten im Gange seien; außerdem ein Vorschlag des Roten Kreuzes, die Häftlinge sollten »so auf die Zellen verteilt werden, dass die Häftlinge neben ihnen dieselbe Nationalität haben und dieselbe Sprache sprechen«. Viele Gefangene hatten geklagt, sie »bekämen nicht genug zu essen«, und um »einen großen Laib Brot, um den Bauch voll zu kriegen«, gebeten. Auch dies wurde abgelehnt: »Zur Zeit erhalten die Häftlinge drei Mahlzeiten pro Tag, die der Aufnahme von etwa 1200 Kalorien entsprechen. Wir werden darüber mit einem Ernährungswissenschaftler sprechen.« (Aus Standardtabellen zum täglichen Essensbedarf geht hervor, dass 2100 Kalorien pro Tag für erwachsene Männer mittlerer Körpergröße kaum angemessen sind – selbst für Gefangene, die sich nicht bewegen.)

Was den Vorschlag betrifft, den Inhaftierten mitzuteilen, dass sie sich an einem Ort namens Guantánamo auf der Insel Kuba befinden, so wurde seine Realisierung aufgeschoben: »Über diese Bitte wird man nach der ersten Vernehmungsrunde nachdenken.«

Als ich im Oktober 2003 nach Gitmo reiste, hatte sich vieles geändert. Die Käfige von Camp X-Ray standen leer und waren überwuchert von tropischen Schlingpflanzen; im Mai 2002 hatte man sie durch die dauerhafteren Gebäude von Camp Delta ersetzt, die wie alles Übrige in Gitmo von dem Bauunternehmen Kellogg, Brown & Root stammten, einer Tochterfirma von Halliburton, einem Konzern, in dem

Vizepräsident Cheney als Spitzenmanager tätig gewesen war. (Als Mitte 2004 neue Verträge über den Bau weiterer Zellen, Kasernen für das Wachpersonal und Vernehmungsräume abgeschlossen wurden, stieg die Gesamtsumme, die Halliburton bis dahin an Guantánamo verdient hatte, auf 155 Millionen Dollar.) Nach Ablauf von knapp zwei Jahren war Gitmo mitsamt Personal und Insassen zur festen Institution geworden.

Für Reporter ist der Zugang zu Gitmo streng reglementiert. Journalisten wohnen in einem Militärhotel auf der Luvseite, der westlichen Seite der Guantánamo Bay, wo sich auch der kleine Flughafen befindet und es nichts gibt außer einer heruntergekommenen Bar und einem Strand. Zur (östlichen) Leeseite, dem Standort von Camp Delta und allem Sonstigen, was sie interessiert, müssen sie mit der Fähre übersetzen, und zwar in Begleitung eines der ein Dutzend Presseoffiziere, die bei jedem Interview dabei sind und die Reporter permanent überwachen. Grosso modo kommt hier auf 50 Häftlinge ein Soldat, der sich um die Beziehung zu den Medien kümmert. Bevor ich in Jacksonville (Florida) an Bord der gecharterten Militärmaschine ging, musste ich eine Reihe restriktiver Grundregeln unterschreiben, womit ich auch akzeptierte, dass ein Verstoß gegen diese Regeln zur sofortigen Entfernung aus dem Camp und zum lebenslangen Reiseverbot für Gitmo führen würde. Jeder Versuch, mit einem Häftling zu kommunizieren, war untersagt; selbst wenn sie versuchen würden, mich anzusprechen, durfte ich unter keinen Umständen darauf reagieren.

Im Laufe meiner Recherchen über Gitmo wurde mir immer klarer, dass die Öffentlichkeitsarbeit des Teams, das meine Reise organisierte, viel gemein hatte mit dem, was man dem Fürsten Grigorij Potemkin nachsagt: dass er nämlich, um bei Katharina der Großen Eindruck zu schinden, im Süden der Ukraine Kulissendörfer errichtet habe. Schon bei meinem flüchtigen Blick auf Gitmo fand ich vieles daran beunruhigend. Aber wie die Potemkin'schen Dörfer war es eine sorgfältig aufgebaute Fiktion, deren schlimmste Seiten in skrupelloser Weise geheim gehalten wurden.

An meinem letzten Morgen dort stand neben mir der 57-jährige Sergeant Tom Guminsky und blickte von einem der niedrigen Kalkfelsen oberhalb des auf der Luvseite gelegenen Strandes über das leere Karibische Meer. »Erinnern Sie sich an den Film *Papillon*? Der mit Steve McQueen über die große Flucht [aus der berüchtigten französischen Strafkolonie vor der Küste Französisch-Guayanas]? Neulich ist er mir eingefallen, und ich dachte: Ja genau, das hier ist die Teufelsinsel.« Guminsky war – wie die meisten Amerikaner in Camp Delta – mit seiner Dienstverpflichtung aus einem durch und durch zivilen Leben herausgerissen worden: Etwa zwei Drittel der Offiziere und der einfachen Soldaten werden aus den Reihen der Reservisten und Nationalgardisten einberufen. Studenten, Geschäftsleute oder Gefängnisbeamte; Eltern und Eheleute: mit nur kurzfristiger Vorwarnung sehen sie sich auf einmal für zehn Monate oder ein Jahr nach Gitmo versetzt. Die Wärter, mit denen ich sprach, hatten ihr behagliches Zuhause in Michigan und Arkansas zurückgelassen und tauschten es gegen eine der von Brown & Root frisch errichteten Schlafunterkünfte in »Camp America«: eine enge Fertigbaubaracke, die sie mit sieben anderen teilten und wo jeder für seine persönliche Habe nur ein einziges kleines Schließfach hatte. In der Unterkunft, die man mir zeigte, fiel mein Blick auf die Bettlektüre der Bewohner. Auf einem der Schemel lag eine Bibel; auf einem anderen Freuds *Unbehagen in der Kultur*.

In Camp Delta haben die Wärter Achtstundenschichten »hinter dem Stacheldraht«, an fünf Tagen der Woche. »Es ist nicht der härteste Job der Welt«, sagte der 20-jährige Oscar Morales, Nationalgardist aus Puerto Rico und normalerweise Student im Hauptfach Computerwissenschaften. »Aber man muss auf jede Einzelheit achten. Alles be-

72

obachten.« Obgleich es aufgrund einer Rotation der Wärter zwischen den Zellenblocks schwerer sei, einzelne Häftlinge kennen zu lernen, »sprechen wir mit ihnen. Man hat immer etwas Mitgefühl, sie sind ja auch Menschen. Doch man versucht, es auf der professionellen Ebene zu halten. Einer wollte mich offenbar mit seiner Schwester verkuppeln, der sagte, ich brauchte eine gute muslimische Frau. Aber ich hatte kein Interesse.« Morales hatte den Gefangenen in der Krankenstation beim Hungerstreik gesehen. »Er sah aus wie ein Skelett. Aber sie sagten, seit sie ihn mit der Nasensonde ernähren, hätte er ungefähr 18 Pfund zugenommen.«

Graylon Pearson, 22 Jahre, afroamerikanischer Reservist aus Tuckerman in Arkansas und Student der Sportmedizin, der später Footballtrainer werden wollte, hatte bemerkt, dass manche Häftlinge »besser Englisch sprechen als wir«. Manchmal, so fuhr er fort, »scheinen sie sich mit Farbigen zu identifizieren – sie sagen, Kunta Kinte [aus der Fernsehserie *Roots*] sei mein Vorfahre, und versuchen, mir Wörter in ihrer Sprache beizubringen. Es gibt ein paar Häftlinge, die sind richtig nett.« Aber es bleibe »nur eine Art, diese Arbeit zu machen. Man muss da rein gehen und sich sagen, dass sie Terroristen sind – und zwar jeden Tag. Man braucht diese innere Einstellung: dass sie nicht ohne Grund hier sind.«

In ihrer arbeitsfreien Zeit haben die Wärter zwar eine Klimaanlage, aber man kann fast nirgendwo hingehen. Das »Stadtzentrum« von Gitmo, ursprünglich gebaut zur Versorgung des Marinestützpunktes, besteht aus einem Kaufhaus, einem Andenkenladen, drei Fastfood-Läden, einem kleinen Freiluftkino und einem jamaikanischen Restaurant, dessen Name – The Jerk House – wegen seiner Mehrdeutigkeit [»Jerk« ist eine Fleischspezialität aus Jamaika, bedeutet aber auch »Idiot«] Anlass zu manchem sarkastischen Kommentar gibt. Etwa acht Kilometer nördlich stößt man auf Panzerfallen, ein (mittlerweile entschärftes) Minenfeld, einen Schutzzaun und das Sperrgebiet der kubanischen Grenze. Außerdem gibt es zwei kleine Strände, an denen man sich ein paar nette Stunden machen kann, wenn man zwischen den Korallenriffs schnorchelt; und nicht weit von Camp Delta steht eine neue, gut ausgestattete Sporthalle. Das Militärkaufhaus hat zwar frische Nahrungsmittel, aber da es in jeder Schlafbaracke nur einen Mikrowellenherd gibt, nehmen die Wachsoldaten fast alle ihre Mahlzeiten in den Kasinosälen ein, die groß und dunkel wie eine Höhle sind. Das Tischgespräch wurde dort während meines Besuchs durch riesige Plasmafernseher erschwert, auf denen Reden und Pressekonferenzen von Donald Rumsfeld übertragen wurden. Immerhin gab es Stände mit kostenlosem Speiseeis. Wie ein Schild verkündete, waren sie gestiftet worden »zum Dank für den Beitrag, den unsere Soldaten zum weltweiten Krieg gegen den Terror leisten«.

Wer von Gitmo aus zu Hause anrufen will, muss das im Freien tun, die Telefone stehen in der brütenden Sonne, und dank eines Monopols der Telekomfirma LCN kosten Gespräche nach Amerika bis zu 53 Cents pro Minute. Handys funktionieren nicht, und die Zugänge zum Internet sind unberechenbar. Seit dem Sommer 2003, als man Captain James Yee, den muslimischen Geistlichen von Gitmo, und zwei arabische Dolmetscher unter Spionageverdacht festnahm, ist es für die Angehörigen der Joint Task Force noch schwieriger geworden, den Kontakt mit ihren Lieben daheim aufrechtzuerhalten. Seither können Laptops jederzeit – auch jedes Mal, wenn ihre Besitzer Guantánamo verlassen – inspiziert werden. »Manche von uns haben da drin vielleicht persönliche Nachrichten oder Fotos von ihrer Ehefrau oder Braut, und die möchten wir nicht unbedingt aller Welt zeigen«, sagte Captain Gregg Langevin aus Worcester (Massachusetts), im Alltagsleben 33-jähriger Familienvater und Verkaufsmanager bei McDonald's. Und

Charles McPeak, den man aus seiner Tätigkeit als Blumen-
großhändler in Michigan zur Patrouille als Militärpolizist
in Camp Delta abkommandiert hat, beschrieb die Mittei-
lungen, die er nach Hause schickt, folgendermaßen: »Ich
sag eben nur, Angeln geht gut, das Wetter ist heiß und ich
arbeite an meinem Teint. Ich versuche, jeden Tag zu mailen.
Es ist ein harter Einsatz.«

Nach dem 11. September war Langevin schon einmal
dienstverpflichtet worden, damals zur Bewachung der kana-
dischen Grenze. Wie viele andere Soldaten ist auch er nach
dem Ende seines Militärdienstes vor acht Jahren Reservist
geblieben, um sich sein Ruhestandsgeld zu erhalten, wobei
er kaum ahnte, dass er an einem Ort wie Gitmo eingesetzt
werden könnte. »Wenn ich nach Hause komme, muss ich
mich entscheiden: entweder den Dienst quittieren und meinen Anspruch verlieren oder mit der Aussicht leben, dass
man mich noch mal zu einem Einsatz wie diesem holt.« Die
Imperative des Antiterrorkrieges haben viele amerikanische
Familien vor diese Wahl gestellt. Langevin sagte mir, er
halte nur durch, weil er sich jeden Morgen vornehme, bei
Laune zu bleiben, und weil er an seine Mission glaube.
Einerseits fühle er sich, wenn er durch Camp Delta patrouil-
liere, sicherer als wenn er an der Oberschule von Worcester
in Massachusetts vorbeigehe, allerdings seien ja in Camp
Delta auch »viel mehr Sicherheitskräfte«. Aber ebenso wie
die Wachen Pearson und Morales hatte er sich Rumsfelds
Botschaften zu Herzen genommen: »Diese Leute haben eine
andere kulturelle Einstellung. Sie würden sich nichts draus
machen, mit einem ganzen Bus voll Sprengkörper in ein
Haus reinzufahren, und sie glauben, dass Gott ihnen das be-
fiehlt.«

Überall in Gitmo gibt es Bilder vom 11. September. In der
heißen, schäbigen Baracke, in der die Wachsoldaten für gewöhnlich ihre E-Mails nach Hause schicken, steht auf
einem Poster mit dem Bild der Twin Towers folgender Text:

»Denktst du an New York? Lass keine Informationen durchsickern – unsere Feinde nutzen sie, um US-Soldaten oder noch mehr unschuldige Menschen zu töten.« Weitere Bildwerke – diesmal aus bemaltem Beton – wurden im »Steingarten« hinterlassen, wo heimreisende Einheiten ihrer Dienstzeit gedenken. Zu den kunstvollsten gehört ein hüfthohes Modell der Türme des World Trade Centers, um die man die Stars-and-Stripes gewickelt hat. Gebaut wurde es von Militärpolizisten der 240. Kompanie zum Abschluss ihres Aufenthaltes Ende August 2003, und sie schmückten es mit der Aufschrift: »Deshalb sind wir hier – zur Verteidigung der FREIHEIT.« To defend FREEDOM. Jedes Mal wenn sich zwei Angehörige der Joint Task Force begegnen, erwartet man von ihnen ein kleines Ritual. Über dem Haupttor von Camp Delta hängt eine große Tafel mit dem Wahlspruch der Operation Enduring Freedom: »Honor Bound to Defend Freedom.« [Auf deutsch etwa: »Auf Ehre verpflichtet zur Verteidigung der Freiheit«.] Die zwei Soldaten, die sich begegnen, sollen salutieren. Dann sagt der eine: »Honor bound«, und der andere antwortet: »to defend freedom«. Mit solchen Mitteln versucht die US-Armee, die Truppenmoral zu halten.

Kurz vor meinem Besuch hatte die Lagerleitung auf der Seeseite des Gefängnisses eine nur abends geöffnete Bar namens »Club Survivor« eröffnet; von dort aus konnte man sich über einem jamaikanischen Bier den Sonnenuntergang ansehen. Hier erzählten mir einige Wachsoldaten, ihre Ehe sei in Gefahr, ihre Kinder gerieten aus dem Gleis. Ein Refrain, den ich immer wieder hörte, spendete kargen Trost: »Hier mag's hart sein, aber wenigstens ist es nicht der Irak.«

Das Leben eines Bewachers ist sicher einsam und eintönig, aber alles, was ich vom Leben eines Inhaftierten sehen konnte, war noch weniger zu ertragen. Der Zaun, der Camp Delta umgibt, ist verkleidet mit dichter grüner Plane, sodass das Einzige, was Erholung von Gitmos allgegenwärtiger staubiger Hitze bieten würde, nämlich der glitzernd blaue Ozean, von drinnen gar nicht zu sehen ist. Auch ohne die Plane freilich bekämen die Häftlinge – die 550 Personen unter »Hochsicherheitsbedingungen« – wenig Gelegenheit zu diesem Anblick. Das Beste, worauf sie hoffen können, sofern sie willfährig sind und mit denen, die sie verhören, »kooperieren«, ist, dass sie an fünf Tagen der Woche in Hand- und Fußfesseln aus ihren Zellen zu einem kleinen, überdachten Hof gebracht werden, wo sie sich in Gesellschaft eines anderen Häftlings 20 Minuten lang körperlich betätigen und dann duschen und die Kleider wechseln dürfen. Weniger gefügige Häftlinge genießen dieses Privileg nur zwei Mal pro Woche. Ein Sergeant aus Arkansas führte mich in einem leeren Zellenblock umher. »Ist ein Gefangener nach mehreren Tagen nicht völlig verschwitzt«, fragte ich ihn – »und seine Kleidung auch?« Der Sergeant zuckte die Achseln.

Die Standardzelle, die Brown & Root nach Gitmo liefern, ist ein blassgrün angestrichener Fertigbaukasten aus Metall, nur wenig größer als ein großes Doppelbett: knapp zwei mal zweieinhalb Meter. Neben dem an der Wand befestigten, ungefähr 75 cm breiten harten Stahlbett befindet sich eine Hocktoilette im asiatischen Stil: ein Loch im Boden direkt gegenüber dem offenen Gitter der Zellentür. Die Wärter, darunter auch einige Frauen, sollen alle 30 Sekunden an der Zelle vorbeigehen. Neben der Toilette ist ein kleiner Ausguss mit einem einzigen Wasserhahn, der so tief angebracht ist, dass man knien muss, um ihn zu benutzen. Er liefert lauwarmes Wasser, das aus einer Meerwasserentsalzungsanlage kommt. Wie alles Wasser in Gitmo hat es eine leicht gelbliche Färbung. Nach Auskunft des Pentagons sind die Wasserhähne nicht ohne Grund so niedrig angebracht – »um dem Fußwaschbedürfnis der Muslime entgegenzukommen«.

Zellen dieser Größe sind in amerikanischen Hochsicherheitsgefängnissen keine Seltenheit, allerdings dürfen die Insassen – selbst im Todestrakt – täglich mehrere Stunden unter weniger beengten Verhältnissen verbringen, wenn sie mit anderen Gefangenen zusammen sind oder während der Arbeit. In aller Regel haben sie auch freien Zugang zu Fernsehen, Büchern, Musik sowie Material zum Briefeschreiben und erhalten häufig Besuche.

In Gitmo ist bislang keiner der Häftlinge wegen eines Verbrechens verurteilt worden, aber dort, wo die höchste Sicherheitsstufe herrscht, dürfen die Zelleninsassen nicht einmal einen Becher haben. Wollen sie trinken, müssen sie sich entweder tief bücken und aus dem Wasserhahn trinken oder eine Wache auf sich aufmerksam machen. Außerdem erhalten sie folgende Gegenstände: eine dünne Matratze und eine Decke; eine orangefarbene Kleidergarnitur, bestehend aus T-Shirt, Unterhose und langer Hose; eine Zahnbürste, Seife und Shampoo; eine Gebetskappe, einen Gebetsteppich und ein Exemplar des Korans. In den Zellenblocks gibt es keine Klimaanlage. Wenn die Innentemperatur auf etwa 30 Grad Celsius steigt, dürfen die Wachen die Deckenventilatoren anschalten – nicht in den Zellen, sondern im Korridor. Das Licht brennt die ganze Nacht. Wie um Rumsfelds Beteuerung, dass auf Gitmo »humane«, menschenwürdige Lebensbedingungen herrschen, zu bekräftigen, weisen die Presseoffiziere nachdrücklich darauf hin, dass die Gefangenen nur Nahrungsmittel erhalten, die nach den strengen islamischen Geboten Halal sind, und dass in jeder Zelle ein eingeätzter Pfeil in Richtung Mekka zeigt, weil Muslime sich ihm beim Beten zuwenden müssen. Aber für diejenigen, die es am eigenen Leibe erlebt haben, ist allein schon die unbegrenzte Inhaftierung unter solchen Bedingungen eine harte Strafe. Die Mahlzeiten – an dem Tag, als ich die Küche besichtigte, bestand das Mittagessen in einem ausgesprochen unappetitlichen Eiercurry – muss jeder allein einnehmen. »Die Zeit fängt an zu rasen«, sagte Shafiq Rasul. »Man starrt vor sich hin, und die Stunden verstreichen in endlosem Ticken. Man sah die Leute an und merkte, sie hatten keinen Mut mehr. Ihre Augen waren leer. Sie sagten kein Wort.« Zu Zeiten, in denen er mit Häftlingen zusammengelegt wurde, die auch Englisch sprachen, galten die Gespräche zwischen den Insassen der verschiedenen Zellen meist dem Essen. »Einer sagte: ›Könnt ihr euch noch an das und das Essen erinnern?‹ Und dann steuerten alle ihre Erinnerungen an dieses bestimmte Gericht bei.«

Nach meinem Besuch in der Küche von Camp Delta konnte ich diese Obsession verstehen. Drei Mal pro Woche erhielten die Häftlinge zum Mittagessen Rührei. Einmal alle zwei Wochen wurden Häftlinge, die man als besonders folgsam und kooperativ einstufte, mit einem – wie die Köche sagten – »Festmahl« belohnt: Sie erhielten einen Styroporteller mit etwas Humus, Datteln und Salat. Einmal im Jahr, am muslimischen Feiertag Eid al fitr, bekamen sie den Blätterteigkuchen Baklava. Die Unterhaltungen waren ähnlich monoton wie das Essen, sagte Rasul. »Man fragte die anderen, ob sie schon den und den Witz oder die und die komische Geschichte gehört hätten. Meist bekam man zur Antwort: ›Ja, fünfmal.‹« Hin und wieder wurden sie zu einem Psychiater gebracht. Auf ihre Klagen kam immer dieselbe Antwort: Man bot ihnen Prozac, ein Antidepressivum, an.

Es ist vorstellbar, dass die Religion manchen Häftlingen Trost spendet. Aber – wie der Augenschein zeigt – keineswegs allen. Mein Besuch fand kurz vor Ramadan, dem heiligen Monat der Muslime, statt, in dem selbst diejenigen Gläubigen, die es mit den Geboten nicht so ernst nehmen, in einem muslimischen Land von Sonnenaufgang bis Sonnenuntergang fasten. Die Lagerküchen, so erklärten die von der Firma Pentad aus Las Vegas gestellten Köche, hatten besondere Vorkehrungen getroffen, um sich dem anzupassen: Alle Mahlzeiten konnten eingenommen werden, solange es dunkel war. Doch 20 Prozent der Inhaftierten – also mehr als 120 – baten darum, Frühstück und Mittagessen zu den gewöhnlichen Zeiten zu bekommen. Wenn sie tatsächlich, wie diejenigen behaupteten, die sie gefangen genommen hatten, bei ihrer Ankunft in Camp Delta islamistische Fundamentalisten waren, dann war ihnen ihr Glaube offensichtlich abhanden gekommen.

Von Seiten der Lagerleitung wird ein muslimischer Gefangener nicht gerade reichlich mit religiösem Beistand versorgt. Als der muslimische Gefängnisgeistliche Captain James Yee im September verhaftet und ins Militärgefängnis geworfen wurde, weil man ihm falschen Umgang mit Geheimdokumenten vorwarf, gab es keinerlei Ersatz für ihn. (Nach monatelanger Einzelhaft im militärischen Arrest in South Carolina wurde er schließlich von jedem Verstoß gegen die Sicherheitsvorschriften freigesprochen.) Die Genfer Konvention bestimmt, dass Gefangene die Möglichkeit haben sollen, in der Religionsausübung »volle Freiheit« zu genießen und aus ihren Reihen Personen auszuwählen, die das geistliche Amt übernehmen. Aber die Joint Task Force war nicht bereit, dies zu erlauben. Yees Aufgaben – allen Muslimen, sowohl unter den Amerikanern als auch unter den Häftlingen, seelischen Beistand zu leisten – wurden von Colonel Steve Feehan, dem obersten Geistlichen der Task Force, übernommen.

Ich fragte Feehan, einen stämmigen Mann mit schütterem Haar, der Gott schon seit 19 Jahren in Uniform diente, nach seinem persönlichen Glauben. »Ich komme von den konservativen Baptisten im Süden.« Ob er dann also ein Fundamentalist sei? »Ich glaube, dass die Bibel Wort für Wort wahr ist. Ja, die Welt wurde in sieben Tagen geschaffen.« Und was halte er von denen, die seinen Glauben an Jesus nicht teilen? »Wer nicht an Christus glaubt und ihn annimmt, wer nicht die rechte Religion hat, kann nicht erlöst werden. Das ist unmöglich.« Nach Ansicht des Mannes, der für das spirituelle Wohl der Häftlinge verantwortlich war, steuerten sie direkt auf die ewige Verdammnis zu.

In den Tagen von Camp X-Ray war das Lazarett in Zelten untergebracht, und das medizinische Personal hatte ständig zu tun. In Kandahar hatten Männer, die durch Kugeln oder Granatsplitter verwundet waren, keine ordentliche Behandlung erhalten. In Gitmo mussten die Ärzte Amputationen durchführen und mit eiternden Wunden fertig werden. Keiner der Gefangenen, die mit dem dritten Flug aus Kandahar kamen, konnte laufen, und so rollte man sie – ganz wie diejenigen, die zu den ersten Verhören gebracht wurden – aus dem Flugzeug auf fahrbaren Krankenbahren, an die sie gefesselt waren.

Das Krankenhaus, das ich besichtigte, war aus Stahl und Beton gebaut und mit seinen weißen Wänden ein klimatisierter Zufluchtsort inmitten der erbarmungslosen tropischen Hitze. Der Operationssaal war, wie man mitteilte, genauso ausgestattet wie alle übrigen in den USA; außerdem gab es drei blitzsaubere Stationen und eine zahnärztliche Abteilung. Aber statt der bei Kampfhandlungen erworbenen Verletzungen behandelten die Mediziner in Guantánamo nun vielmehr Wunden psychischer Art, die nicht auf Granatsplitter, sondern auf die unerträgliche unbefristete Inhaftierung zurückgingen. Im Jahr 2002 gab es noch mehrere Fälle von Tuberkulose – ein Jahr später nur noch eine einzige Epidemie: die Depression.

Rechts vom Eingangsbereich des Krankenhauses lag eine großzügig mit Spezialgeräten ausgestattete Abteilung für Physiotherapie. Zur Zeit meines Besuches war dort der einzige Patient ein Mann, der sich im Januar 2003 in seiner Zelle mit einem Laken zu erhängen versucht hatte. Als die Wärter ihn losschneiden konnten, war er bereits im Koma, das irreversible Hirnschäden hinterließ. Dreieinhalb Monate lang war er bewusstlos und würde nie wieder ohne fremde Hilfe gehen können; aber er lernte sprechen. »Für den Rest seines Lebens wird er Ganztagspflege brauchen«, sagte Dr. Louis Louk, Marineoberstabsarzt aus Florida und die Nummer 2 des Krankenhauses.

Auf der Intensivstation des Gefängnisses lag ein junger, ans Bett geketteter Mann, der über eine durchs Nasenloch eingeführte Magensonde mit einem aus hochwertigem Eiweiß und Vitaminen bestehenden dünnen Brei ernährt wurde. Zur Zeit meines Besuches hatte er seit 50 Tagen nichts gegessen und wurde seit viereinhalb Wochen über die Sonde zwangsernährt. »Er hat 148 Mahlzeiten hintereinander abgelehnt«, sagte Dr. Louk mit klinischer Präzision. Dann folgte ein plötzlicher Wutausbruch. »Für meine Begriffe ist er ein verwöhntes Balg, wie ein kleines Kind, das mit den Füßen aufstampft, wenn es seinen Willen nicht kriegt.« Warum Louk diesen Patienten so kritisiere? »Der Dolmetscher kann ihm keinen vernünftigen Grund entlocken, warum er nicht essen will. Alles, was er jetzt braucht, ist, dass er Fett ansetzt.« Warum er gefesselt sei? »Ich will nicht, dass einer meiner Leute angegriffen oder verletzt wird«, sagte Dr. Louk. Bei Beginn der Zwangsernährung wog sein Patient etwa 104 Pfund. War einer seiner Mitarbeiter schon mal angegriffen worden? Soweit ihm bekannt sei, nein, antwortete Dr. Louk.

In der letzten Zeit war die Zahl der Selbstmordversuche unter den Insassen – die Ende September 2003 nach offiziellen Angaben auf 32 gestiegen war – zurückgegangen. Zu diesem Ergebnis kam man allerdings nur dadurch, dass man die meisten Versuche von Häftlingen, sich zu erhängen, neu klassifizierte. Es schien so, als hätte Gitmo den

Ausbruch einer sehr seltenen Form der Selbstverletzung zu verzeichnen, genannt »manipulatives selbstschädigendes Verhalten«: »manipulative self-injurious behaviour« oder SIB. Wie Chefarzt Captain Stephen Edmondson erklärte, hieß das: »Der psychische Zustand der Betreffenden ist so beschaffen, dass sie nicht ernsthaft ihrem Leben ein Ende machen wollen.« Er und seine Kollegen nahmen vielmehr an, dass die Gefangenen hofften, wenn sie sich eine Schlinge um den Hals legten, könnten sie auf bessere Behandlung rechnen oder gar ihre Freilassung erreichen. Viele SIBs, so räumte Edmondson ein, wären früher als geplante Selbstmorde registriert worden. »Die SIB-Definition haben wir dann nach und nach entwickelt, je besser wir verstanden, wie es funktioniert.« In den vergangenen sechs Monaten habe es 40 solcher Vorfälle gegeben – fast zwei pro Woche. (Während ich dies im Juni 2004 niederschrieb, teilte mir der Gitmo-Sprecher Lieutenant Colonel Leon Sumpter in einer E-Mail mit, die Gesamtzahl der Selbstmordversuche sei nur um zwei auf 34 gestiegen. »Der letzte Versuch stammt aus dem Januar 2004«, so Sumpter. »Nicht nur haben Wachpersonal und Ärzte rasch gehandelt, um derartige Vorfälle zu verhindern; im ganzen Lager wird jetzt auch viel Wert auf psychische Betreuung gelegt.«)

Ich fragte Dr. Edmondson, warum nach seiner Ansicht so viele Gefangene depressiv seien. Vielleicht waren sie, so seine Antwort, schon vor ihrer Gefangennahme psychisch krank. Möglicherweise »könnte auch ihre Inhaftierung ein Faktor sein«. Aber im Allgemeinen »kann man es nicht eindeutig festmachen«. Und was passiert, wollte ich wissen, wenn ein Gefangener in einem Brief von daheim schlechte Nachrichten erhalten hat? Würde Edmondson – da er weiß, dass die Briefe der Häftlinge, die durch das Rote Kreuz zugestellt und vom Militär zensiert werden, sehr lange brauchen – ihnen gestatten, ein Telefon zu benutzen? »Ich gebe ihnen doch kein Telefon«, sagte er und verzog das Gesicht.

Bei einer internationalen Tagung in San Antonio erwischte ich Daryl Matthews, Professor für Gerichtspsychiatrie an der Universität Hawaii. Das Pentagon hatte ihn 2003 gebeten, für eine Woche nach Guantánamo zu fahren und zu untersuchen, wie es mit der psychischen Gesundheit der Inhaftierten steht und über welche psychiatrischen Behandlungsverfahren das Lager verfügt. Anders als die Reporter konnte Matthews sich stundenlang mit den Gefangenen unterhalten.

»Manipulatives selbstschädigendes Verhalten«, sagte er, sei »keine psychiatrische Klassifizierung« und das Pentagon dürfte sie nicht verwenden. »Selbstmord ist kein monokausales Phänomen, es gibt viele verschiedene Gründe, warum Menschen einen Suizidversuch unternehmen. Es ist gefährlich, wenn man sich daranmacht, eine Trennung zwischen ›ernst gemeinten‹ Versuchen und bloßem So-tun-als-Ob vorzunehmen; ein Psychiater muss in jedem Einzelfall eine ordentliche Diagnose stellen und fragen, warum dieses bestimmte Individuum versucht, sich das Leben zu nehmen.« In Gitmo, so Matthews weiter, sei es schwieriger als sonst, solche Diagnosen zu stellen, da es eine »riesige kulturelle Kluft« zwischen den Gefangenen und ihren Ärzten, Krankenschwestern und Bewachern gebe. »Wenn man Suizidversuche nicht medikamentös behandelt, muss man sie mit verständnisvoller Zuwendung behandeln. Doch solche Zuwendung steht dort vor erheblichen Hindernissen.«

Die neue Klassifizierung, die sich Gitmo für die Selbstmordversuche ausgedacht hat, wäre wohl überzeugender, fände sie nicht vor dem Hintergrund einer Zunahme psychischer Erkrankungen, insbesondere der Depression, statt. Edmondson berichtete mir, die den Gefangenen am häufigsten verabreichten Medikamente seien Prozac und ähnliche Stimmungsaufheller. In Camp Delta wurden sie von mehr als einem Fünftel der Gefängnisinsassen eingenommen. Von den 35 Zellen in Gitmos neuer psychiatrischer Abteilung sind vier mit Zwangsmitteln für Gefangene ausgestattet, die es auf Selbstschädigung abgesehen haben. »In diesem Block gab es Leute, die haben die Wände mit ihren Exkrementen beschmiert«, sagte Shafiq Rasul. »Bei ihrer Ankunft waren diese Kerle ganz normal, jetzt sind sie so geworden.«

Schon seit dem Spätsommer 2002 machte sich das Internationale Komitee des Roten Kreuzes Sorgen um die psychische Gesundheit der Gefangenen. Wie aus dem Protokoll eines Gespräches mit dem damaligen Lagerkommandanten Brigadier General Rick Baccus am 9. September hervorgeht, erfuhr der Vertreter des Roten Kreuzes Daniel Cavoli, dass 53 Inhaftierte »in Fragen ihrer psychischen Gesundheit beraten« wurden. Wie seine Vorgänger vom IKRK im Januar 2002 bat auch Cavoli den Kommandanten Baccus, die Belastung, unter der die Häftlinge litten, zu verringern und sie nach Sprachgruppen zusammenzulegen, aber Baccus lehnte das ab. (Shafiq Rasul verbrachte fünf Monate in einem Block, in dem alle anderen Gefangenen aus China kamen und kein Wort Englisch sprachen.) Ein Jahr nach Cavolis Besuch informierte das Rote Kreuz die Medien darüber, dass es sich Sorgen mache – ein ungewöhnlicher Schritt, weil es im Allgemeinen nur äußerst ungern den besonderen Zutritt, den es zu Gefangenenlagern erhält, durch öffentliche Kritik aufs Spiel setzt. »Was wir beobachtet haben, ist eine nach unserer Ansicht Besorgnis erregende Verschlechterung im psychischen Gesundheitszustand zahlreicher Internierter«, sagte IKRK-Sprecher Florian Westphal. Der Hauptgrund dafür sei kein Geheimnis. »Sie haben keine Ahnung, was sie erwartet, und keinerlei Möglichkeit, den Rechtsweg zu beschreiten. Je länger [sie] in Guantánamo sind, ohne eine Vorstellung davon zu haben, was mit ihnen geschehen wird, um so schlimmer wird, so befürchten wir, der auf ihnen lastende Druck.«

Daryl Matthews, der auf langjährige Erfahrungen in der Gefängnisarbeit zurückblickt, kam zu einem ganz ähnlichen

Schluss. Schon in jeder normalen Strafanstalt hätten die Gefangenen starke Belastungen auszuhalten: fehlende Privatsphäre und körperliche Bewegung; erzwungene Nähe zu anderen Insassen und Bewachern; Langeweile und potenzielle Gewalt. Aber Gitmo, sagte er, »ist Gefängnis hoch drei. Die belastenden Faktoren sind unvorstellbar. Gefängnisinsassen haben wenigstens Zugang zu ordentlichen Gerichtsverfahren und einem Rechtsbeistand, und nach einer Verurteilung wissen sie, wie lange sie noch hinter Gittern bleiben müssen. In Guantánamo haben die Häftlinge keine Ahnung, ob sie überhaupt je wieder rauskommen, und nicht einmal, warum sie eigentlich da sind. Normale Gefangene können Besuche ihrer Angehörigen empfangen, in Camp Delta dagegen sind sie fast gänzlich von der Außenwelt abgeschnitten.« Dann nannte er einen zusätzlichen Faktor. »Im normalen Gefängnis sind die Beziehungen zwischen Insassen und Wachpersonal eine Lebenshilfe. Hier jedoch kommen beide Seiten aus zwei Welten, die durch eine unglaubliche Kluft voneinander getrennt sind.« All dies hat Matthews in seinem offiziellen Bericht für das Pentagon niedergelegt. Um einen zweiten Besuch in Gitmo wurde er nicht gebeten.

Der für die Sicherheit und das Wohlergehen der Gefangenen zuständige Vollzugsleiter von Camp Delta war Sergeant Major Anthony Mendez, Berufsbeamter mit 26 Jahren Erfahrung im militärischen Strafvollzug. Ohne es zu wollen, bestätigte er die Diagnose, die Matthew formuliert hatte. In einem normalen Gefängnis, so Mendez, gebe sich die Anstaltsleitung große Mühe, um zwischen Insassen und Bewachern eine Beziehung aufzubauen. In Camp Delta »halten wir sie davon ab«, und um die Entstehung solcher Beziehungen zu verhindern, würden die einzelnen Wärter täglich anders auf die Blocks verteilt. Sobald er auf Anzeichen stoße, die darauf hindeuteten, dass ein Wärter mit einem Gefangenen »vertraulicher wird«, handele er sofort.

86

In Amerika, so Mendez weiter, »ist unsere Philosophie: Wir wollen sie irgendwie resozialisieren. Dafür sind wir hier nicht da, das ist nicht unser Auftrag.«

Ende 2003 konnte James Meek im pakistanischen Swat-Tal den damals 23-jährigen Shah Muhammad interviewen, einen Bäcker, der viermal versucht hatte, sich zu erwürgen, indem er ein Laken durch die Metallmaschen seines Käfigs zog. Zuerst nannte er keine klaren Gründe und sprach davon, dass er sich Sorgen um die Gesundheit seiner Mutter gemachte habe, sowie von anderen Schwierigkeiten in der Heimat. Dann stellte sich heraus, dass seine Selbstmordversuche anfingen, nachdem er ohne jede Erklärung einen Monat lang in einer hermetisch abgedichteten Arrestzelle gehalten worden war. Dort gab es, wie Meek von Muhammad erfuhr, »keine Fenster. Nur vier Wände und ein Blechdach, eine elektrische Birne und eine Klimaanlage. Sie schalteten die Klimaanlage ein, und es war furchtbar kalt. Die Decke nahmen sie mir morgens weg und brachten sie abends zurück.« Man habe ihm dort, sagte er, zwangsweise ein Psychopharmakon injiziert. »Ich wollte nicht, und da holten sie sieben oder acht Leute, hielten mich fest und gaben mir die Spritze. Sie sagten bloß: ›dein Gehirn arbeitet nicht richtig.‹« Nachdem Muhammad vom Verdacht einer Verstrickung in den Terrorismus geläutet war, wurde er als einer der ersten Häftlinge entlassen.

Auf meinem Rundgang durch Camp Delta konnte ich die Inhaftierten nur flüchtig wahrnehmen: Schatten, die man durch die Gassen aus NATO-Draht führte, immer verborgen hinter den allgegenwärtigen Planen. Captain Langevin hatte mir gesagt: »Im Lager scheint Disziplin zu herrschen; keiner hämmert gegen die Wände und schreit, wie es in den Zivilgefängnissen der Fall ist. Es ist ganz still. Vielleicht liegt's an der Hitze.« Doch als ich durch das Haupttor hinausging, bekam die Fassade eine Sekunde lang Risse. Aus irgendeinem unsichtbaren Winkel gellte es: »Lügner! Lügner! Nazilügner!« Ich war in Begleitung zweier Pressekollegen und des Vollzugsleiters Mendez. »Beunruhigt es Sie, wenn sie Sie einen Nazi nennen?«, fragte ich. Mendez gluckste. »Wie, die Häftlinge oder meine Leute?« Man hatte alles nur Mögliche getan, um den Eindruck glatter, reibungsloser Effizienz zu erzeugen. Aber Gitmo hat, wie ich in der Folge erfuhr, eine ganz andere Seite.

Im Innern von Camp Delta, so erzählte Shafiq Rasul, »gibt es nur eine einzige Regel, die zählt. Man muss gehorchen – egal was die Leute von der US-Regierung einem befehlen.« Der Preis für Ungehorsam, so Rasul, war hoch. Aus einem der internen Gitmo-Dokumente mit dem Titel »Verhaltensnormen für Häftlinge« geht hervor, dass er die Wahrheit sagt.

»Der folgende Regelkatalog enthält Verhaltensnormen, die der Häftling **JEDERZEIT** befolgen **WIRD**«, heißt es zu Anfang. »Nichtbefolgung der folgenden Normen führt zu *strengster Bestrafung* durch die US-Sicherheitskräfte.« [Hervorhebung von mir] Die ersten beiden Verhaltensregeln räumen den Häftlingen 30 Minuten für die Einnahme ihrer Mahlzeiten und gerade mal fünf Minuten fürs Duschen ein; nur »den Amputierten stehen 10–15 Minuten für die Dusche zu«. Dann nehmen die Vorschriften einen eher drohenden Ton an.

(3) Der Häftling **WIRD NICHT** unhöflich gegenüber den Angehörigen der US-Sicherheitskräfte oder anderen Häftlingen sein.

(4) Der Häftling **WIRD** den Anweisungen der US-Sicherheitskräfte JEDERZEIT Folge leisten.

(5) Die Häftlingszelle kann und **WIRD** jederzeit durchsucht werden.

(6) Der Häftling **WIRD NIEMANDEN** belästigen, behelligen oder verletzen oder auf andere Weise die Sicherheit und Arbeit der Haftanstalt stören.

(7) Der Häftling **WIRD** weder die US-Sicherheitskräfte noch andere Häftlinge berühren, anspucken oder mit einem Gegenstand bewerfen. Werden in der Zelle oder in ihrer Nähe nicht-genehmigte Objekte gefunden, **WIRD** der Häftling die US-Sicherheitskräfte informieren, was dann keine Disziplinarmaßnahmen zur Folge hat.

(8) Der Häftling **WIRD** seine Geräusche auf das Niveau einer leisen Unterhaltung beschränken. Zu keiner Zeit ist dem Häftling erlaubt, zu schreien oder zu toben. Zu **KEINER** Zeit wird der Häftling mit anderen Zellen des Blocks kommunizieren.

(9) Der Häftling **WIRD** die Dinge des persönlichen Bedarfs in folgender Reihenfolge vor seiner Zelle aufstellen.
   a. Seife
   b. Duschsandalen
   c. Zahnpasta
   d. Zahnbürste
   e. Kleines Handtuch
   f. Wasserflasche

In den nächsten drei Anstaltsregeln wird dem Häftling erstens gestattet, ein Handtuch vor das Fenster zu hängen, um die Sonne abzuhalten, zweitens versprochen, dass er sich zwei Mal pro Woche körperlich bewegen kann, und drittens erlaubt, den Koran an die Metallwände der Zelle zu hängen. Die unheilvollste Regel ist wohl die Letzte:

(13) Die US-Sicherheitskräfte **BEHALTEN SICH DAS RECHT VOR**, die oben stehenden Regeln, falls erforderlich, zu ändern oder vorübergehend auszusetzen.

Die Presseoffiziere von Gitmo weigern sich, Auskunft darüber zu geben, wie die in der Präambel des Dokuments angedrohte »strengste Bestrafung« im Einzelnen aussieht. »Wir geben keine Auskünfte darüber, wie die Joint Task Force ihren Auftrag im Einzelnen ausführt«, teilte mir Lieutenant Colonel Sumpter per E-Mail mit. Deshalb sind wir auf die Berichte der freigelassenen Häftlinge angewiesen, zu deren auffälligsten Merkmalen es gehört, dass sie sich wechselseitig bestätigen. Nach diesen Aussagen kam es zwar vor, dass Gefangene, denen man einen Verstoß gegen die Regeln von Camp Delta zur Last legte, in eine Isolationszelle gesteckt wurden. Häufiger indessen wurden sie von Gitmos Strafkommando – der so genannten ERF oder »Extreme Reaction Force« – überfallen. (In einigen Berichten werden diese Einheiten »Internal Reaction Force« genannt, aber die andere Bezeichnung scheint üblicher zu sein und wurde in meiner E-Mail-Korrespondenz mit Sumpter nicht korrigiert.) Nach Shafiq Rasuls Worten waren diese Überfälle den Häftlingen schließlich so vertraut, dass sie ein neues Verb dafür kreierten: »geERFt« werden. Eine der eindringlichsten Schilderungen gab mir Tarek Dergoul:

»An diesem Tag«, sagte er, »hatten sie mich und meine Zelle schon zweimal durchsucht, meine Sachen durchgesehen, meinen Koran angefasst, meinen Körper abgetastet, um die Geschlechtsteile herum. Und jetzt wollten sie's nochmal machen, nur um mich zu provozieren, aber ich sagte nein, denn wenn man sich allem und jedem beugt, wird man zum Zombie. Ich hörte, wie ein Wärter in sein Walkie-Talkie sagte: ›ERF, ERF, ERF‹, und wusste schon, was jetzt kommen würde. Was kam, waren die fünf Feiglinge, wie ich sie nannte; fünf Kerle, ausgerüstet wie Polizisten bei der Aufstandsbekämpfung, die in die Zelle reinrannten. Sie sprühten mir Pfefferspray ins Gesicht, und ich fing an, mich zu übergeben; ich muss ungefähr fünf Becher vollgekotzt haben. Dann drückten sie mich zu Boden und fielen über mich her, sie bohrten mir die Finger in die Augen, sie zwangen meinen Kopf ins Klobecken und betätigten die Wasserspülung. Sie fesselten mich wie ein wildes Tier, knieten sich auf mich und bearbeiteten mich mit Fußtritten und Fäusten. Zum Schluss schleiften sie mich in Ketten aus der Zelle in den Gefängnishof und rasierten mir Bart, Kopfhaar und Augenbrauen ab.«

Dergoul sagte, er sei vier- oder fünfmal »geERFt« worden, immer unter dem Vorwand, irgendeinen geringfügigen Verstoß begangen zu haben. Auch seine Mitgefangenen Asif Iqbal, Ruhal Ahmed und Rasul schilderten ERF-Überfälle. So wie Rasul es erlebt hatte, hieß ERFen, »du wirst von einem Soldaten mit einem Polizeischild zu Boden geschleudert, mit Gewalt niedergedrückt und von fünf bewaffneten Männern zusammengeschlagen«. Nicht lange nach dem Umzug aus Camp X-Ray ins Camp Delta, so Rasul, erlebte er mit, wie Jummah al-Dousari aus Bahrain, ein sichtlich geistesgestörter Insasse, der fast den ganzen Tag und die Nacht damit verbrachte, »seltsame Tiergeräusche zu machen«, besonders brutal zusammengeschlagen wurde.

Im Mai 2004 nannte er in einem auch von Iqbal und Ahmed unterschriebenen Brief an den Streitkräfteausschuss des Senats weitere Einzelheiten: »[Er] lag auf dem Boden seines Käfigs gleich neben uns, als eine Gruppe von acht oder neun Wärtern aus der so genannten ERF (Extreme Reaction Force) in seinen Käfig kam. Wir sahen, wie sie in übelster Manier über ihn herfielen. Sie trampelten ihm auf den Hals und traten ihn in den Bauch, obwohl man ihm dort bei einer Operation Metallstäbe eingesetzt hat, dann zogen sie seinen Kopf hoch und schmetterten ihn mit dem Gesicht auf den Boden. Einer Wärterin wurde befohlen, in die Zelle zu gehen und ihn zu treten und zu schlagen – was sie auch tat, und zwar in den Bauch.« Jamal al-Harith, ein fünfter freigelassener Brite, berichtete der *Los Angeles Times* von »Dutzenden« solcher Aktionen der ERF-Schläger, die er entweder am eigenen Leibe oder bei anderen erlebte: »Ich habe mit den Leuten gesprochen, denen das passiert ist. Ich habe die Folgen gesehen. Ich habe die Leute gesehen, nachdem man sie zusammengeschlagen hatte – die geschwollenen Gesichter und wie sie sich zurückschleppten oder zurückgeschleift wurden. Ich habe die Folgen gesehen.«

Ungeachtet der Nachrichten über die Misshandlung von Gefangenen in Abu Ghraib hielt das Pentagon noch Ende Mai 2004 daran fest, die Behauptungen ehemaliger Häftlinge, sie seien zusammengeschlagen worden, seien »unglaubhaft« und machten daher keinerlei weiter gehende Untersuchung erforderlich. »Die Behauptungen dieser Personen sind unwahr«, sagte ein Sprecher. Dann, Anfang Juni, wurde bekannt, dass der Stabsgefreite Sean Baker, der als Militärpolizist und Wärter in Gitmo Dienst getan hatte, aus der US-Armee entlassen wurde, weil er sich Verletzungen zugezogen hatte, als er bei einer nur allzu realistischen ERF-Übung die Rolle eines Gefangenen übernommen hatte. Im Januar 2003 bekam er den Befehl, einen orangegelben Häftlingsoverall über seine Uniform zu ziehen und in einer Zelle unter ein Bett zu kriechen, damit die ERF – der man gesagt hatte, er sei ein echter Häftling, der bereits einen Sergeant angegriffen hätte – ihre Übung machen konnte.

Einem lokalen Fernsehsender in Kentucky berichtete Baker: »Sie packten mich an Armen und Beinen, drehten mich herum, und unglücklicherweise konnte sich einer der Typen von hinten auf meinen Rücken setzen und drückte mich zu Boden, als ich mit dem Gesicht nach unten da lag. Dann umfasste er – derselbe Mann – meinen Hals und begann, mich zu würgen und meinen Kopf gegen den Stahlfußboden zu drücken. Nach mehreren Sekunden – 20 bis 30 Sekunden, mir schien es eine Ewigkeit, weil ich nicht atmen konnte – geriet ich in Panik und brachte das Codewort heraus, das ich nennen sollte, um die Übung zu unterbrechen:

›red‹ . . . Der Kerl schlug meinen Kopf gegen den Boden und würgte mich weiter. Irgendwie bekam ich dann genug Luft. Ich murmelte: ›Ich bin US-Soldat. Ich bin US-Soldat.‹«

Nachdem er in Gitmo erste Hilfe erhalten hatte, wurde Baker in ein Krankenhaus in Portsmouth (Virginia) geflogen und nach einem vierzehntägigen Klinikaufenthalt zur Erholung nach Hause geschickt. Leider bekam er dort Anfälle und musste zur Behandlung eines Schädelhirntraumas ins Walter-Reed-Militärkrankenhaus gebracht werden, wo er 48 Tage blieb. Man wies ihm zunächst einen leichteren Dienst zu und entließ ihn schließlich, im April 2004, aus der Armee. Anfangs hatte Major Laurie Arellano vom Southern Command in Miami Reportern mitgeteilt, Bakers Krankheit habe nichts mit den Verletzungen zu tun, die er sich bei der ERF-Übung zugezogen hatte. Doch die medizinische Untersuchungskommission der Armee stellte in einem Dokument vom 29. September 2003 fest: »Das Schädelhirntrauma wurde dadurch verursacht, dass der Soldat die Rolle eines nicht kooperationswilligen Häftlings spielen musste, der während einer Übung in Guantánamo Bay aus der Gefängniszelle geschleift wurde.«

Den Reportern und seinem Anwalt sagte Baker, die ganze Übung sei auf Video aufgenommen worden; aber die Videokassette war, wie mitgeteilt wurde, aus unerfindlichen Gründen verschwunden. Mittlerweile haben meine eigenen Nachforschungen ergeben, dass jede einzelne ERF-Aktion routinemäßig gefilmt wird. »Hinter dem Kommando«, sagte Tarek Dergoul, »stand immer einer, der das ganze Geschehen filmte.« Ähnlich äußerten sich auch Shafiq Rasul und Jamal al-Harith. Als ich dem Gitmo-Sprecher Sumpter diese Aussagen vorlegte, bestätigte er sie: Alle ERF-Aktionen, so Sumpter, würden gefilmt, damit sie von höheren Offizieren »überprüft« werden könnten – um festzustellen, ob die Kommandos unverhältnismäßige Gewaltmittel einsetzten. Sämtliche Videokassetten lägen in einem Archiv in

Guantánamo. Er weigerte sich zu sagen, wie viele ERF-Einsätze es gegeben habe, und gab keinerlei Auskunft über Ausbildung oder Rekrutierungsbedingungen. Alle entsprechenden Fragen stießen auf die schon bekannte Antwort: »Wir geben keine Auskünfte darüber, wie die Joint Task Force ihren Auftrag im Einzelnen ausführt.«

Während ich dies niederschrieb, forderte der demokratische Senator Patrick Leahy, Vorsitzender im Rechtsausschuss des Senats, Donald Rumsfeld per Brief zur Herausgabe der ERF-Videos auf. »Die parlamentarische Kontrolle dieser Regierung«, heißt es in seinem Schreiben, »ist auf vielen Gebieten nachlässig gewesen, auch was die Inhaftierung von Gefangenen im Irak, in Afghanistan und in Guantánamo betrifft. Es ist höchste Zeit, das zu ändern. Sollten Fotos, Videokassetten oder andere Beweismittel existieren, mit deren Hilfe festgestellt werden kann, ob es in Guantánamo Bay zur Misshandlung von Gefangenen gekommen ist, dann sollten sie unverzüglich dem Kongress zur Verfügung gestellt werden.«

»Nach dem, was in Abu Ghraib passiert ist«, sagte Tarek Dergoul zu mir, »hätte ich an Stelle der Amerikaner die Videos vernichtet. Man soll sie zeigen. Dann wird die Welt wissen, dass ich die Wahrheit sage.« Kurz vor seiner Freilassung im März 2003 sei eine neue Strafe eingeführt worden: die Überstellung in den »Romeo-Block«, wo die Gefangenen mehrere Tage hintereinander, meistens halb nackt, in Isolationshaft gehalten wurden. Eine ausführlichere Schilderung fand sich in dem Brief, den Iqbal, Rasul und Ahmed an den Senatsausschuss schickten: »[Im] so genannten Romeo-Block ... wurden sie nackt ausgezogen. Nach drei Tagen erhielten sie Unterwäsche. Nach weiteren drei Tagen erhielten sie ein Kleidungsoberteil und nach noch einmal drei Tagen Hosen. Manche bekamen überhaupt nur Unterwäsche. Man sagte ihnen, das sei die Strafe für ihr ›Fehlverhalten‹.« Was aber galt als »Fehlverhalten«?

Nach Rasuls Worten konnte es so etwas Banales sein wie die Tatsache, dass man zwei Becher in der Zelle hatte – statt des einen, der erlaubt war.

Unnötig zu sagen, dass kein einziger Häftling je zu einem Regelverstoß gehört wurde, wie es in einer normalen Vollzugsanstalt vorgeschrieben ist. In den Verhaltensnormen für Gitmo wird statuiert: »Nichtbefolgung der folgenden Normen führt zu *strengster Bestrafung* durch die US-Sicherheitskräfte.« [wie oben Hervorhebung von mir]

Hinter seiner Potemkin'schen Fassade scheint Gitmo ein fast perfektes Beispiel für das zu sein, was Erving Goffman eine »totale Institution« nennt, die das Leben der Insassen in jeder Einzelheit kontrolliert. Die langfristigen Folgen der an einem solchen Ort verbrachten Haftzeit sind, Goffmans Befunden zufolge, immer einschneidend, und die Reintegration eines ehemaligen Insassen in die Gesellschaft ist schwierig oder gar unmöglich. In Guantánamo, so viel scheint heute sonnenklar, besteht die Standardsanktion, mit der seine extrem strengen, aber stets anpassungsfähigen Regeln aufrechterhalten werden, in körperlicher Gewalt.

In welcher Weise sich dies, wie Bush und Rumsfeld beteuern, mit dem »Geist« oder den »Grundsätzen« der Dritten Genfer Konvention vertragen soll, ist kaum einsichtig. Die Normen und Regeln für die Haft in Guantánamo verstoßen nicht nur gegen geringfügige technische Bestimmungen der Konvention, sondern gegen ihre absoluten Grundprinzipien. Würde man ein Gefangenenlager nach dem Genfer Modell errichten und betreiben, so sähe es in allen entscheidenden Punkten anders aus als Camp Delta. Die Häftlinge wären zum Beispiel imstande, sich innerhalb eines Sicherheitsgürtels frei zu bewegen, und statt dem alles umfassenden rigorosen Zugriff einer totalen Institution zu unterstehen, könnten sie ihr Leben weitgehend selbst organisieren. In Artikel 21 der Konvention heißt es: »Der Gewahrsamsstaat kann die Kriegsgefangenen internieren. Er kann ihnen die Verpflichtung auferlegen, sich nicht über eine gewisse Grenze vom Lager, in dem sie interniert sind, zu entfernen oder, wenn das Lager eingezäunt ist, nicht über diese Umzäunung hinauszugehen.« Ihre Unterbringung in Zellen oder Käfigen – die Konvention nennt das »Einschließung« – ist »nur als unerlässliche Maßnahme zum Schutz ihrer Gesundheit zulässig, und zwar nur für solange, als die Umstände, die diese Maßnahme nötig machten, andauern«.

Und Artikel 38 schreibt vor: »Der Gewahrsamsstaat soll unter Achtung der persönlichen Vorliebe der einzelnen Gefangenen die geistige, erzieherische, sportliche und die der Erholung geltende Tätigkeit der Kriegsgefangenen fördern; er soll die nötigen Maßnahmen ergreifen, um deren Ausübung zu gewährleisten, indem er ihnen passende Räume sowie die nötige Ausrüstung zur Verfügung stellt. Den Kriegsgefangenen soll die Möglichkeit zu körperlichen Übungen, inbegriffen Sport und Spiele, und zum Aufenthalt im Freien geboten werden. Zu diesem Zwecke sind in allen Lagern ausreichend offene Plätze zur Verfügung zu stellen.«

Es gibt noch viele andere Unterschiede zwischen dem Leben eines Kriegsgefangenenlagers, wie es die Konvention vorsieht, und Guantánamo. Statt zum Beispiel auf ganz wenige »Dinge des persönlichen Bedarfs« beschränkt zu sein, müssen Gefangene die Möglichkeit haben, ihre gesamte persönliche Habe zu behalten – ausgenommen natürlich ihre Waffen. Außerdem muss ihnen erlaubt werden, Vertrauensmänner zu wählen, die zwischen ihnen und dem »Gewahrsamsstaat« als Vermittler agieren, sich ihr Essen selbst zuzubereiten, und sie müssen in Sprachgruppen untergebracht werden. Doch die vielleicht größte Abweichung vom »Geist« der Genfer Konvention betrifft den Regelkodex und die Strafen. Im Genfer Artikel 96 heißt es: »Bevor eine Disziplinarstrafe verhängt wird, soll der angeklagte Kriegsgefangene genau über die Tatsachen ins Bild gesetzt werden, die ihm vorgeworfen werden. Er soll sein Verhalten erklären und sich verteidigen können. Er ist berechtigt, Zeugen einvernehmen zu lassen und, falls notwendig, die Hilfe eines befähigten Dolmetschers zu beanspruchen. Die Entscheidung soll dem Kriegsgefangenen und dem Vertrauensmann bekannt gegeben werden.« Die Konvention gestattet die Inhaftierung in einer Zelle bis zu 30 Tagen. Aber selbst dann gilt: »Disziplinarisch bestrafte Kriegsgefangene sollen sich täglich während mindestens zwei Stunden in der frischen Luft bewegen und aufhalten können« – mit anderen Worten, achtmal so lang wie noch der privilegierteste Häftling in Camp Delta. Dies ist nur eine Kostprobe jener Schutzbestimmungen, die der Justiziar des Weißen Hauses Alberto Gonzales »veraltet« nennt.

Besonders erstaunlich ist vielleicht, dass manche Häftlinge in Guantánamo von Zeit zu Zeit die Kraft und den Willen hatten, Widerstand zu leisten. Der entschlossenste Versuch fand im Frühjahr 2002 statt, als fast das gesamte Lager in den Hungerstreik trat. Nach den Worten eines Beamten, der die vom Pentagon angefertigte offizielle Kurzfassung gelesen hat, »ging es los, als einer der Wärter einem Häftling das Handtuch wegnahm, das dieser sich vor dem Freitagsgebet um den Kopf geschlungen hatte. Die Kunde von diesem Vorfall verbreitete sich sofort im ganzen Lager, und die Häftlinge begannen, ihre gesamten Toilettenartikel und Dinge des persönlichen Bedarfs aus den Zellen zu werfen; außerdem weigerten sie sich, etwas zu essen oder an Verhören teilzunehmen.« Der Streik dauerte, so der Beamte, mehr als zwei Wochen und wurde schließlich mit Hilfe des Roten Kreuzes beendet. Zu seinen Ergebnissen gehörte die Ernennung des unglücklichen muslimischen Geistlichen Yee – der nicht nur den Häftlingen religiösen Beistand leisten, sondern auch den Bewachern Grundkenntnisse über die islamischen Gebote vermitteln sollte. »Eine Zeit lang fürchteten sie, regelrecht die Kontrolle zu verlieren.« Im Herbst desselben Jahres hielt Yee bereits jeder neu eintreffenden Wachmannschaft einen PowerPoint-Vortrag über alle möglichen Probleme – zum Beispiel darüber, dass Exemplare des Koran unbedingt mit Respekt zu behandeln sind.

Tarek Dergoul beteiligte sich an mehreren begrenzten Streiks, die er auch mit organisierte, und brachte die Bewacher zur Weißglut, wenn er ihre Gespräche für die nicht englischsprachigen Häftlinge aus dem Englischen ins Arabische übersetzte. Manchmal waren es Hungerstreiks, andere Male Verweigerungsaktionen, bei denen die Häftlinge nicht zum Verhör oder zur körperlichen Ertüchtigung oder zum Duschen gingen. Natürlich erhöhte das die Gefahr, geERFt zu werden. »Wir wählten einen Blockleiter«, sagte er, »und riefen auf Arabisch durch die Korridore. Erst wurde diskutiert, wir einigten uns auf die Aktion und den Zeitpunkt, und dann fand der Streik statt.« Er persönlich zahlte einen hohen Preis für seinen Widerstand. Mehr als ein Jahr, so Dergoul, wurde er in Isolationshaft gehalten.

Bei meinem Gespräch mit Dergoul im Mai 2004, zwei Monate nach seiner Freilassung, waren die Folgen seines Martyriums unübersehbar. Bis jetzt habe er gebraucht, um über das Erlebte reden zu können; er leide an Alpträumen und Halluzinationen, insbesondere von den vielen Schlägen. Nach gründlicher Beurteilung hatte man ihn zu einer Behandlung beim Londoner Medizinischen Zentrum für Folteropfer zugelassen; weltweit ist es das führende Zentrum, das sich mit derartigen posttraumatischen Belastungsstörungen befasst. Seine erste Sitzung sollte am Tag nach unserer Begegnung stattfinden. »Ich habe Migräne und Depressionen und leide an Gedächtnisschwund«, sagte er. »Es gibt Sachen, die geschehen sind, die stecken in meinem Kopf, und ich kann mich nicht an sie erinnern.«

So viel zu dem in Gitmo geltenden Regelsystem, also zur passiven Kulisse, vor der das Hauptgeschäft von Camp Delta, die Vernehmung der Gefangenen, stattfindet. Jetzt aber müssen wir uns im Krieg gegen den Terror an die vorderste Front begeben.

3 »UNGEHEUER WERTVOLLE EINSICHTEN«

»In den englischen Hexenprozessen waren Folterungen zwar eigentlich verboten, aber im siebzehnten Jahrhundert wurden Opfer vielfach tagelang wach gehalten, ohne Nahrung gelassen, geschlagen oder auf andere Weise misshandelt … Einem Zeitgenossen zufolge waren ›Hexen, die man lange mit Wachen und Fasten quält und kneift, sobald sie einnicken wollen, bereit, sich grundlos selbst zu bezichtigen, um ihre Qual zu enden‹.«

Keith Thomas, *Religion and the Decline of Magic*

«Durch jahrelange Erfahrung hatte das NKWD eine Verhörtechnik entwickelt, der praktisch niemand auf Dauer widerstehen konnte … Ich hatte nun herausgefunden, warum die Angeklagten in den »Schauprozessen« so bereitwillig alles zugaben, und den Vergleich mit den mittelalterlichen Hexenprozessen fand ich gar nicht mehr zum Lachen. Es gibt Umstände, unter denen ein Mensch alles zuzugeben bereit ist.«

F. Beck und W. Godin, *Russian Purge and the Extraction of Confession*

Gegenüber dem Haupttor von Camp Delta steht eine kleine hölzerne Pergola, ein Ausguck, von dem aus Journalisten Fotos machen dürfen und beobachten können, wer ein und aus geht. Die Vernehmungsoffiziere zu erkennen ist nicht schwer. Statt Kampfanzug und schwarzen Stiefeln tragen sie Polohemden, leichte Schuhe, Khakihosen oder sogar Shorts, und die meisten von ihnen sehen überraschend jung aus – als wären sie gut unter dreißig. Die meisten sind in Begleitung älterer Männer von häufig dunkler Hautfarbe – ihre Dolmetscher, die bei den Geheimdienstleuten »terps« heißen [Kurzform von »interpreter«]. Die Verhöre finden

Tag und Nacht statt, in Reihen so genannter »Kabinen«, kahler, klimatisierter Räume in umfunktionierten Wohnwagen hinter den Zellenblöcken. Glaubt man den Erfindern und Befürwortern Gitmos, so ist die Erfolgsquote überwältigend.

Die Gefangenen verhören, um Informationen zu sammeln, ist zum primären Rechtfertigungsgrund für Guantánamo geworden. Heute, im Juni 2004, zweieinhalb Jahre nach der Einrichtung des Lagers, ist von den angekündigten Militärtribunalen noch immer niemandem der Prozess gemacht worden, und nur gegen drei von den derzeit 600 Gefangenen ist Anklage erhoben worden. (Keinem dieser drei werden bestimmte terroristische Handlungen zur Last gelegt, sondern nur generell die Teilnahme an der Al-Qaida-Verschwörung durch Mithilfe oder propagandistische Unterstützung; die schwerwiegendste Beschuldigung, die sich gegen den Jemeniten Ali Hamza al Bahlul richtet, lautet auf Mitarbeit bei der Anfertigung von Werbevideos.) Die von der politischen Rhetorik anfangs beschworene Vorstellung, eine direkte Verbindung zwischen den Gefangenen und dem Anschlag auf das World Trade Center nachzuweisen, ist der viel gepriesene Zweck der Verhöre geblieben und ermöglicht den Wachmannschaften, sich an die Überzeugung zu klammern, dass ihr Tun einen Sinn hat, dass ihre Einsamkeit und ihre Entbehrungen zu etwas nutze sind. Captain Langevin aus Massachusetts fehlte seine Familie; er hätte fast als Soldat der Reserve seinen Abschied genommen, sogar um den Preis, dass er dadurch seinen Pensionsanspruch verlor. Was ihn aufrecht hielt, war die Gewissheit vom Nutzen seiner Mission: »Vor allem aber weiß ich, dass wichtige Informationen gesammelt werden.«

Seit den Tagen von Camp X-Ray hat Donald Rumsfeld auf dieses Argument immer wieder besonderen Wert gelegt. Im Februar 2004 erklärte er zwar vor der Handelskammer in Miami, wenn man die Gefangenen freiließe, »würden sie erneut kämpfen und weiter unschuldige Männer, Frauen und Kinder umbringen«. Allerdings »verfolgen wir mit der Einsperrung feindlicher Kämpfer auch noch einen anderen Zweck. Wir erhalten auf diesem Wege die Informationen, mit deren Hilfe wir künftige Terrorakte verhindern können. Das kann Leben retten und kann uns nach meiner Überzeugung rascher zum Sieg führen.« Gitmos Vernehmungsoffiziere hätten »die Führungsstruktur von Al-Qaida, die Agenten der Organisation, ihre Finanzierungsmechanismen, ihre Nachrichtenwege, ihre Schulungs- und Rekrutierungsprogramme, ihre Reisemuster, ihre tragenden Infrastrukturen und ihre Pläne für Angriffe gegen die USA und andere befreundete Länder« offen gelegt, fuhr er fort. »Sie haben uns Informationen über die Strohmänner und Bankkonten von Al-Qaida, über Boden-Luft-Raketen, über selbst gebastelte Sprengkörper und über die Taktiken geliefert, die terroristische Elemente anwenden.«

Als ich im Oktober 2003 Gitmo besuchte, gab es keinen begeisterteren Verfechter dieser Mission als den Major General Geoffrey D. Miller, den Leiter des Gemeinsamen Einsatzkommandos (Joint Task Force). Als wir uns trafen, war mir bereits sein Ruf als strenger Zuchtmeister hinlänglich zu Ohren gekommen: Ein Sergeant hatte sich darüber beklagt, dass ihn Miller angeblafft hatte, weil auf seiner Armeemütze sein Name stand, was der Chef für unmöglich erklärte. Der ebenso streitbare wie schmächtige Miller stand in der Abendsonne auf dem palmenbestandenen Felsen vor seinem Hauptquartier, das auf einer Landzunge liegt, die in die Guantánamo Bay hinausragt. Begonnen hatten wir mit dem Interview in seinem Büro; für die Fotos waren wir auf den Felsen gegangen. Wie es sich für einen Mann der Tat gehört, ließ er sich nicht gern hinter dem Schreibtisch ablichten. Obwohl kleingewachsen, machte er vorzugsweise Gebrauch von dem Attribut »ungeheuer«. »Wir entwickeln

Informationen von ungeheurem Wert für die Nation, gewinnen ungeheuer wertvolle Einsichten«, erklärte er mit unverkennbarem Engagement. »Wir haben ein ungeheuer gründliches Verfahren mit einer sehr hohen Auflösung und Klarheit. Nach unserer Überzeugung kämpfen wir nicht nur für die Erhaltung und den Schutz unserer Familien, sondern auch Ihrer Familien. Guantánamo ist für mich eine auf Verhöre spezialisierte Kampfeinrichtung im Krieg gegen den Terror.«

Miller war es gelungen, mit seiner selbstsicheren, »alles ist machbar« suggerierenden Attitüde das Pentagon zu beeindrucken. Er war, was ich zum Zeitpunkt meines Besuchs nicht wusste, gerade aus dem Irak zurückgekehrt, wo er im Auftrag von Donald Rumsfeld mit einem Team aus Guantánamo die Geheimdienstaktivitäten in der Haupthaftanstalt für Terroristen überprüft hatte – dem Gefängnis Abu Ghraib in der Nähe von Bagdad, das vorher Saddam Hussein genutzt hatte. Major General Janis Karpinski zufolge, die damals Abu Ghraib leitete, war Miller geschickt worden, um das Gefängnis zu »gitmoisieren«; in dem nüchterner gefassten Bericht von Major General Antonio Taguba über die dortigen Gefangenenmisshandlungen hieß es, Miller habe im Sommer 2003 den Auftrag gehabt, »zu überprüfen, welche Möglichkeiten der derzeitige irakische Schauplatz bietet, um aus Häftlingen Informationen herauszuholen, die sich rasch in Aktionen umsetzen lassen«. Mit anderen Worten: Häftlinge sollten zum Sprechen gebracht werden. Während ich dies schreibe, im Juni 2004, befindet sich Miller erneut in Abu Ghraib; er ist von Gitmo dorthin versetzt worden, um die Leitung aller Militärgefängnisse im Irak zu übernehmen, obwohl doch die Koalitionstruppen die Macht an die irakische Übergangsregierung abgetreten haben.

Von den Wogen des Skandals umspült, den die Veröffentlichung von Fotos ausgelöst hat, die nackte, misshandelte Häftlinge in Abu Ghraib zeigen, bewahrt Miller unbeirrt sein ungeheures Vertrauen in die Mission. »Wir sind ungeheuer stolz auf das, was wir in Guantánamo geleistet haben, um ein Milieu zu schaffen, in dem wir uns darauf konzentrieren konnten, ein Maximum an Einsichten zu gewinnen«, erklärte Miller im Mai 2004 in Bagdad, als es um seine Mission im Sommer 2003 ging. »Wir brachten Fachwissen auf den Schauplatz. Wir sprachen eine Reihe von Empfehlungen aus, von denen fast alle im Anschluss an den Besuch in die Tat umgesetzt wurden.«

Geoffrey Miller betrat Neuland, als er sich plötzlich als Fachmann für nachrichtendienstliche Informationen und Verhörtechniken entpuppte und nacheinander die zwei in dieser Hinsicht heikelsten Operationen des gesamten Krieges gegen den Terror leitete. Als er nach Gitmo kam, hatte er noch nie nachrichtendienstlich gearbeitet. Seit er 1974 in Fort Sill, Oklahoma, den Grundkurs für Offiziere der Feldartillerie besucht hatte bis zu seiner Berufung zum Kommandanten der Artillerie des XVIII. Luftlandekorps in Fort Bragg, North Carolina, bestand seine Expertise im Einsatz von schwerem Geschütz. (Unmittelbar bevor man ihn nach Gitmo schickte, war er stellvertretender Stabschef in Korea.) Laut Lieutenant Colonel Tony Christino, dem kürzlich aus der Armee ausgeschiedenen Fachmann für antiterroristische Geheimdienstaktivitäten, der im ersten Kapitel dieses Buches ausführlich zu Wort kommt, »deutet nichts in der Laufbahn von Major General Miller darauf hin, dass er auch nur das mindeste geheimdienstliche Fachwissen besitzt. Abgesehen von seinem ausführlichen Dienst im Bereich der Feldartillerie hat er an Operationen, Planungen und Spezialaufträgen auf höherer Befehlsebene mitgewirkt. Für unmittelbare strategische Verhöre beziehungsweise für die Beurteilung des Werts der durch solche Verhöre gewonnenen Einsichten scheint er nicht sonderlich qualifiziert.« Milton Bearden, der frühere Leiter der CIA im

Sudan und in Afghanistan und spätere Leiter der Abteilung der Organisation für die Sowjetunion und Osteuropa, geht mit Christinos Einschätzung konform. Angesichts der fehlenden Erfahrung Millers hält er Zweifel am Nutzen seiner Mission für berechtigt. »Man muss sich fragen: Wer hat ihn beauftragt? Wer hat ihn für solch einen Posten ausgesucht?«

Vom Augenblick seiner Versetzung nach Guantánamo im November 2002 an wurde es jedenfalls zum wichtigsten Anliegen Millers, möglichst viele Informationen zu beschaffen. Seinem Vorgänger, Brigadier General Rick Baccus, warfen Beamte des Pentagon bei seiner Abberufung vor, er habe die Häftlinge »verhätschelt«. Die Protokolle seiner Treffen mit dem Roten Kreuz sprechen ohne Frage dafür, dass ihm das Wohlergehen der Häftlinge am Herzen lag. (Zum Beispiel war es Baccus, der für Camp Delta die ersten Bücher organisierte.) Unter Baccus' Leitung rannen die Informationen aus Guantánamo nur spärlich. Das konnte natürlich zwei Gründe haben: Entweder die Häftlinge wussten nur sehr wenig über den Terrorismus und Al Qaida, oder sie wurden nicht mit dem nötigen Geschick verhört. Baccus wies aber die Vernehmungsoffiziere des Einsatzkommandos an, die Gefangenen nicht anzubrüllen, und tat auch sonst sein Bestes, um Beschimpfungen zu vermeiden. »Es gab Einzelfälle von Beschimpfungen, und jedesmal, wenn wir davon erfuhren, handelten wir sofort und entzogen die Betreffenden dem Kontaktbereich der Häftlinge«, berichtete er dem *Guardian.* »Ich habe mich in keiner Weise in die Verhöre eingemischt, aber damals führten die Verhöre auch nie zur unmenschlichen Behandlung von Gefangenen – mit Sicherheit nicht, wenn ich anwesend war.«

Als ich im Oktober 2003 Guantánamo besuchte, war General Miller bereits ein Jahr dort stationiert. Während der Fotograf von der *Detroit Free Press* die Fotos schoss, hielt

Miller den Heldenblick auf den Sonnenuntergang gerichtet. Das schwache tropische Licht ließ ihn vor Stolz im buchstäblichen Sinne erstrahlen. Für ihn waren geheimdienstliche Aktivitäten eine Frage der Masse, der Wirkung, ähnlich wie bei der Artillerie: Bomben auf ein Ziel; erzielte Aussagen. »Seit Anfang Juli 2003 hat sich die monatliche Menge der von den Häftlingen gewonnenen Informationen um 600 Prozent erhöht.« Und dabei handele es sich nicht um Kleinkram. »Wir sprechen von hochwertigen Informationen, aus allen Teilen der Welt.«

Den Schlüssel zu diesem Erfolg bilde, so Miller, ein abgestuftes System von Anreizen und Belohnungen, das er Anfang 2003 eingeführt habe. Die Häftlinge, die mit ihren Vernehmungsoffizieren kooperierten, bekämen eine wachsende Zahl von bis zu 29 »Vergünstigungen« extra, angefangen von »so kleinen Sachen wie einem zusätzlichen Becher Wasser, einer vermehrten Zahl von Briefen aus der Heimat und Büchern, die sie in der Zelle behalten dürften, bis hin zu weiteren Bewegungseinheiten und Duschgelegenheiten, im Extremfall sieben pro Woche«. Im Ergebnis hätten 82 Prozent der Gefangenen in Camp Delta mittlerweile die oberste »Vergünstigungsstufe« erreicht, und hundertvierzig von ihnen seien aus den engen Käfigen in die relativ komfortable Einrichtung von »Camp Vier« verlegt worden. Bei diesem Camp handelt es sich um eine weiträumige, offene Anlage, in der die Häftlinge weiße Gewänder statt der orangefarbenen Campkleidung tragen, zu zehnt in einem gemeinsamen Raum schlafen, ihre Mahlzeiten gemeinsam auf einer beschatteten Veranda einnehmen, bei Bedarf duschen und, wenn sie Lust dazu haben, Fußball oder Volleyball spielen können. (Als ich Camp Vier besichtigte, wurde ich nicht wie bei Camp Delta hasserfüllt angezischt und mit einem höhnisch geflüsterten »Nazilügner« verabschiedet, sondern die Häftlinge lächelten und versuchten, mit mir ins Gespräch zu kommen: »Hallo! Sie aus welchem Land?«

Wie das Rote Kreuz in seinen Berichten feststellt, ist dies wahrscheinlich der einzige Teil von Gitmo, der in etwa mit dem »Geist« der Genfer Konvention in Einklang steht.) Wenn sie in Camp Vier anlangten, erklärte Miller, seien die Häftlinge schon auf halbem Wege nach Hause: hier finde der »Dekomprimierungsprozess« statt.

Manchmal, so räumte er ein, würden die Vernehmungsoffiziere gegenüber einem kooperationsunwilligen Häftling möglicherweise »aggressiv«. Seine Neuerungen aber drehten sich allesamt um den wohl durchdachten Einsatz von Zuckerbrot, das heißt um Anreize, durch die sich »Kontakt herstellen« lasse. Miller behauptete sogar, die Vernehmungsoffiziere von Gitmo hätten einige ihrer »Schützlinge« dazu gebracht, sich von ihren früheren Verpflichtungen und Überzeugungen loszusagen: »Viele der Häftlinge haben erkannt, dass das, was sie taten, falsch war; also haben sie uns Informationen geliefert, um uns beim Sieg über den Terror zu helfen.« Sie hätten aus Bewunderung für die amerikanischen Wertvorstellungen geredet, die das Lager selbst verkörpere: »Ich kenne kein Land in der Welt, das seine Feinde so behandelt wie die USA das tun.« Er sei in Ländern gewesen wie Kuwait, Saudi-Arabien, Irak. Angesichts der Erfahrungen, die er von dort mitgebracht habe, sei er »ungeheuer stolz auf das, was wir machen«.

General Miller erzählte freilich nur die halbe Wahrheit. Hinter dem Zuckerbrot lauerte drohend die schmerzhafte Peitsche.

Zwei Tage nach seiner Ankunft, am 16. Januar 2002, wurde Shafiq Rasul zum ersten Mal verhört. Gefesselt wurde er in seinem »Dreiteiler« in ein großes Zelt geschleppt, wo britische und amerikanische Vernehmungsoffiziere auf ihn warteten. »Ich ging rein und ein Typ sagte:

›Ich gehöre dem Außenministerium an und komme von der britischen Botschaft in Amerika, und das hier ist einer meiner Kollegen, der ebenfalls von der Botschaft kommt.‹ Wie er später herausfand, gehörte der eine der Briten in Wahrheit dem Geheimdienst MI 5 an. Auf Rasuls erste Frage, »Wo bin ich?«, antwortete der Mann vom MI 5: »Diese Information können wir nicht preisgeben.« Der britische Agent wollte wissen, wie es ihm gehe. »Ich fing an zu heulen und sagte, ich könne es nicht fassen, dass ich hier sei.« »Ich will nicht wissen, wie es Ihnen emotional geht, mich interessiert nur Ihr körperlicher Zustand.«

Den freigelassenen Häftlingen zufolge blieben die Verhöre den größten Teil des Jahres 2002 über, während General Baccus das Camp leitete, eine ebenso gemäßigte wie seltene Prozedur. Rasuls zweites Verhör fand erst mehr als einen Monat später, am 25. Februar, statt.

Der Schauplatz war diesmal eine »Strandhütte« aus Holz, und zum ersten Mal wurde er in seiner dreiteiligen Garnitur an einem Stahlring im Fußboden festgekettet. Auch jetzt wieder waren sowohl Amerikaner als auch ein Mann vom MI 5 anwesend. »Sie versuchten, aus mir herauszubringen, dass ich einer von den großen Fischen sei, und behaupteten, ich sei mit Osama bin Laden, Mullah Omar bekannt, und ich wollte wissen, wo sie das her hatten.« Der MI 5 zeigte ihm Fotos von jemandem, den er noch nie gesehen hatte und sagte ihm, der Betreffende habe seinen Kollegen in England erzählt, Rasul habe in der Universität Wolverhampton Veranstaltungen abgehalten, in denen es um die Notwendigkeit eines heiligen Krieges gegangen sei. Dabei sei er, Rasul, noch nie dort gewesen. »Der Typ sagt zu mir: ›Sie brauchen nur zu sagen, dass Sie nach Afghanistan gegangen sind, um Dschihad zu führen, dass Sie hingegangen sind, um für die Taliban zu kämpfen, und schon sind Sie auf dem Weg nach Hause.‹ Ich sagte: Wenn Sie wollen, dass ich lüge, nur um nach Hause zu kommen, dann lege ich mich doch nur selbst aufs Kreuz.‹ Er sagte, er sei während der nächsten vier Tage im Lager, und wenn ich meine Meinung ändere und mit ihm reden wolle, komme er wieder.«

Insgesamt meinten die freigelassenen britischen Häftlinge, sie seien im Jahr 2002 fünfmal verhört worden, wobei in der zweiten Jahreshälfte keine einzige Vernehmung stattgefunden habe. Im Januar 2003, als General Miller mit seiner neu konzipierten Mission zum Zuge kam, vollzog sich ein deutlicher Wandel. Die Häufigkeit und Länge der Verhöre nahm unvergleichlich zu: In den folgenden 15 Monaten wurden Asif Iqbal und Shafiq Rasul nach ihrer Schätzung fast 200 Mal verhört. Mittlerweile hatten sich auch die gewohnten Verhörmethoden geändert.

Das Gemeinsame Einsatzkommando in Gitmo ist in zwei Gruppen unterteilt: in das Personal, das für die Haftanstalt und alle Aspekte der Gefangenhaltung zuständig ist, und das Personal, das sich um die Verhöre kümmert, die Dolmetscher, Analysten und Vernehmungsoffiziere, deren Aufgabe es ist, die geheimdienstlichen Informationen zu beschaffen. Seinen Augenblick der Erleuchtung hatte Geoffrey Miller, als er beschloss, die beiden Aufgaben zu verschmelzen, will heißen, das Wachpersonal einzusetzen, um – wie er sich beschönigend ausdrückte – die für die Verhöre »nötigen Bedingungen zu schaffen« oder, anders gesagt, die Gefangenen weich zu klopfen. (In dem kleinen Andenkenladen im Einkaufszentrum der Marinebasis hat das Kürzel für die Wachmannschaft – JDOG – seinen Niederschlag in einer Vielzahl von Baseballkappen und Kleidungsstücken gefunden, auf denen die Mannschaft als blutrünstige Dogge erscheint. Ein T-Shirt zeigt das Tier, wie es seine Zähne fest im Knöchel eines verzerrt dargestellten Häftlings vergräbt.)

Ein Gewährsmann aus dem Pentagon schilderte mir die Machtdemonstration, die sich Miller für die Wachen ausgedacht hatte. Jede neu eintreffende Wachmannschaft musste mit den Vernehmungsteams »den Umgang mit den

Gefangenen abstimmen«, wobei davon ausgegangen wurde, dass unter entsprechenden Umständen sowohl freundliche Gesten als auch »Disziplinarmaßnahmen« ein nützliches Vorspiel zum Verhör bilden konnten. »Es sollte deutlich gemacht werden, dass eine enge Zusammenarbeit zwischen den Wachen und den Vernehmungsoffizieren der sicherste Weg war, um die Menge der gewonnenen Information zu vergrößern«, erklärte mein Gewährsmann.

Lieutenant Commander Charles Swift, der als einer der vom Militär bestellten Verteidiger für die geplanten Militärgerichtsverfahren Gitmo häufig besuchte, erläuterte mir genauer, was damit gemeint war: »Die Vernehmungsoffiziere übten nun eine wirksame Kontrolle über das Lager aus, und sie haben das letzte Wort. Du kannst ein musterhafter Häftling sein, dein Betragen kann über jeden Tadel erhaben sein, aber wenn du mit den Vernehmungsoffizieren nicht kooperierst, wirst du wie der letzte Dreck behandelt – wie der Typ, der im Bunker landet, weil er die Wachen angespuckt oder mit Exkrementen beworfen hat. Die Vernehmungsoffiziere entscheiden, ob du als erster oder letzter Essen kriegst, ob du frische Wäsche bekommst und wer in der Dusche auf dich aufpasst. Oder sie verlangen eine Durchsuchung der Zelle und beschlagnahmen alles. Und dann ist es der Vernehmungsoffizier, durch den man alles zurückbekommt.«

Im Januar 2004 vermittelte Antonio Tagubas Bericht über seine Untersuchungen der Gefangenenmisshandlungen in Abu Ghraib weitere Aufschlüsse über Millers Vorgehensweise. Nach seinem Besuch des Bagdader Gefängnisses im Jahre 2003 sei Miller »zu dem Ergebnis gelangt, dass die strategischen Befragungsoperationen der gemeinsamen Streitkräfte [innerhalb von Abu Ghraib] dadurch behindert würden, dass man die Einsitzenden in ihrem Gefängnismilieu nicht aktiv steuere«, schrieb Taguba. Miller habe eine »einheitliche Strategie« gefordert, »um ein Wachpersonal zu rekrutieren und auszubilden, das dem Kommandanten der Gemeinsamen Einsatzgruppe für die Verhöre [Joint Interrogation Debriefing Center; JIDC] zugeordnet und unterstellt ist und das die für eine erfolgreiche Befragung und Nutzbarmachung der Internierten beziehungsweise Häftlinge erforderlichen Voraussetzungen schafft ... dass die Wachmannschaft sich aktiv um die Schaffung der für eine erfolgreiche Nutzbarmachung der Internierten erforderlichen Voraussetzungen bemüht, ist von entscheidender Bedeutung.« Taguba zufolge »stellte Millers Team auch fest, dass die Anwendung neuer strategischer Befragungsmethoden und Verhörtechniken neue Vorgehensweisen und Einsatzmittel einschlossen«.

Taguba schilderte, was das im Irak für Folgen hatte: Gefangene wurden geschlagen und sexuell misshandelt. Sergeant Javal Davies berichtete Taguba, die Vernehmungsoffiziere hätten von ihm gefordert: »Tauen Sie diesen Typen für uns auf. Sorgen Sie dafür, dass er schlecht schläft. Sorgen Sie dafür, dass er durch die Mangel gedreht wird.« Danach hatten sich die Leute bei ihm und seinem Kameraden, Corporal Charles Grainer, bedankt: »Gut gemacht, sie klappen richtig schnell zusammen. Sie beantworten jede Frage. Sie geben wichtige Informationen preis.« Grainer hatte die Gefangenen gezwungen, sich nackt auszuziehen und so zu tun, als trieben sie es miteinander, manchmal in grotesken Anordnungen. Taguba wollte von der Spezialbeamtin Sabrina Harman wissen, warum ein Häftling fotografiert worden war, wie er auf einer Kiste stand mit Drähten, die an seinen Fingern, seinen Zehen und seinem Penis festgemacht waren. Sie gab zu Protokoll, »ihre Aufgabe sei es gewesen, die Häftlinge wach zu halten. Sie erklärte, der Militärische Geheimdienst habe mit Corporal Grainer gesprochen. Sie erklärte: ›Der Geheimdienst wollte sie zum Sprechen bringen. Grainer hatte den Auftrag, dem Geheimdienst in die Hände zu arbeiten ... um diese Leute zum Sprechen zu bringen.‹«

Während ich das im Juni 2004 niederschreibe, gibt es noch keine Beweise dafür, dass es zu so brutal sexualisierten Misshandlungen, wie sie in Abu Ghraib den Ruf Amerikas besudelten, auch in Guantánamo kam. Dennoch war auch dort das unter Millers Aufsicht eingeführte System hochgradig gewaltsam. Dass solche Auswüchse unkontrollierter Gewalt, wie sie in Abu Ghraib zutage getreten sind, aus Gitmo nicht bezeugt sind, könnte seinen Grund unter anderem darin haben, dass in Kuba die Vernehmungsoffiziere und Wachen größeren offiziellen Spielraum hatten. Am 11. Mai 2004 erklärte der stellvertretende Leiter von CENTCOM, General Lance Smith, vor dem Streitkräfteausschuss des Senats, einige der Befragungstechniken, die in Gitmo mit offizieller Genehmigung angewandt würden, seien im Irak verboten, weil dort, angeblich anders als in Kuba, die Gefangenen unter dem Schutz der Genfer Konvention stünden. Sicher ist jedenfalls, dass im weltweiten Kampf gegen den Terror traditionelle Beschränkungen beim Umgang mit Gefangenen überall, von Washington D. C. bis nach Afghanistan, einer Revision unterzogen und in wesentlichen Aspekten außer Kraft gesetzt wurden: Unmittelbar bevor am 9. Januar 2002 Camp X-Ray aufgemacht wurde, schrieb John Yoo, der damals zweiter stellvertretender Justizminister war, an den Justiziar des Pentagon: »Die unbeschränkte Vollmacht des Präsidenten hinsichtlich militärischer Operationen (eingeschlossen die Behandlung von Gefangenen) zu beschneiden, wäre verfassungsmäßig zweifelhaft.«

In dem geistigen und politischen Klima, das der 11. September erzeugte, ging die allgemeine Stimmung dahin, dass man jeden Verhaltenskodex über Bord werfen konnte, wenn das nötig war, um im Krieg gegen den Terror das Ziel zu erreichen. Den Schlüsseltext hierfür stellt ein Memorandum dar, das eine Arbeitsgruppe unter Leitung von Jay S. Bybee, dem damaligen stellvertretenden Justizminister

(er ist mittlerweile Bundesrichter), verfasste und das vom
1. August 2002 datiert. Als dieses Dokument zwei Jahre
später an die Öffentlichkeit gelangte und die offene Bereit-
schaft, Foltermethoden zu akzeptieren, bekannt wurde, erklärte das Weiße Haus es für »irrelevant« und versicherte,
es werde »neu abgefasst«. In der Folge stellte sich heraus,
dass Anwälte aus allen Sektoren der militärischen und
nachrichtendienstlichen Behörden in Bybees Gruppe mitge-
arbeitet hatten. Die Regierung mag sich später die Sache
überlegt haben, aber zur Zeit seiner Abfassung lieferte das
Memorandum ein ziemlich authentisches Bild vom Bewusstsein des Staatsapparats in den USA. Große Teile des
Textes tauchten wörtlich in späteren Memoranden auf, die
im Pentagon angefertigt wurden.

Bybees Denkschrift bemühte sich um eine extrem einge-
engte Definition von Folter. Wenn körperliche Schmerzen
zugefügt wurden, handele es sich nur dann um Folter, wenn
sie »bis zum Tod, zum Organversagen oder zur dauerhaften Schädigung einer wichtigen Körperfunktion führen«.
Seelische Schmerzen »müssen zu wesentlichen seelischen
Schäden von beträchtlicher Dauer führen, das heißt, sie
müssen Monate oder gar Jahre anhalten«. Der Denkschrift
zufolge verboten sowohl das amerikanische Gesetz gegen
die Folter, das der Kongress 1994 verabschiedet hatte, als
auch die Konvention der Vereinten Nationen gegen die Folter, die von den USA unterzeichnet worden war, »nur die ex-
tremsten Formen körperlicher oder geistiger Gewalt«.
Alles, was darunter liege, erfülle bloß den Tatbestand
»grausamer, unmenschlicher oder entwürdigender Formen
der Behandlung«. Zwar verbiete die Konvention auch sie,
aber wer solche Handlungen begehe, mache sich nicht straf-
bar.

Bybee und seine Kollegen gründeten diese Deutung – die
in vielen späteren Dokumenten übernommen wurde – auf
die Tatsache, dass sowohl das amerikanische Gesetz als

auch die UN-Konvention die Folter als Zufügung »schwerer« Schmerzen definieren, aber nicht genauer ausführen, was unter »schwer« zu verstehen ist. Sie nahmen sodann eine merkwürdige Interpretation der Liste von Bedeutungen vor, die das Wörterbuch für die »Schwere« von Schmerzen aufführt: »schwer zu ertragen; durchdringend; Leid verursachend; quälend; heftig; extrem«. Dass sie sehr willkürlich definierten, lag auf der Hand, denn Schmerzen können sehr wohl durchdringend sein, Leid verursachen und sich schwer ertragen lassen, ohne zum Organversagen oder zum Tod zu führen – gewalttätige Techniken verfehlten ja wohl auch ihren Zweck, wenn sie *leicht* zu ertragen wären. Zur Untermauerung ihrer Definition zog Bybees Arbeitsgruppe deshalb eine kuriose Quelle heran: Die Gesetze der USA, die den Rahmen für Zahlungen von Krankenversicherungen abstecken. Diese Gesetze, so die Denkschrift, »behandeln schwere Schmerzen als Indiz für Beschwerden, die zu dauerhaften und ernsten körperlichen Schäden führen können, wenn sie nicht umgehend medizinisch behandelt werden«. Wie die Krankenversicherungen nur dann zahlen mussten, wenn die Patienten der Gefahr des Organversagens oder des Todes ausgesetzt waren, so konnten, dies die Logik der Arbeitsgruppe, die Methoden der Vernehmungsoffiziere auch nur dann als Folter gelten, wenn sie »vergleichbar schwerwiegende Folgen« hatten.

Diese Definition stand im Widerspruch zur langen Tradition des humanitären Kampfes gegen die Folter und für die Menschenrechte. Wie Vaughan Lowe, Professor für internationales Recht an der Universität Oxford, mir erklärte, ist der springende Punkt bei der UN-Konvention der, dass die gerichtlichen Entscheidungen darüber, was Folter ist, von Fall zu Fall getroffen werden müssen. Ihm zufolge unternahmen die USA hier »den Versuch, ihre Interpretation eines internationalen Vertrags auf eigene Faust und einseitig durchzusetzen. Das ist weder verbindlich noch hinnehmbar. Es handelt sich dabei nicht um eine rationale Beurteilung oder Ansicht, sondern um eine Behauptung, die einen sehr strittigen Standpunkt artikuliert.« Gleichzeitig habe, so Lowe, die Bybee-Denkschrift die Folter »dekontextualisiert«. Verschiedene Techniken, die jede für sich nicht als Foltermethode gelten mochten – wie zum Beispiel Schlafentzug, Isolation und Fesselung in unbequemen Stellungen –, könnten leicht das Niveau einer Folter erreichen, wenn sie zusammen angewandt würden. Hinzu komme, dass kulturelle Faktoren eine bestimmte Methode für einen Muslim schwerer erträglich werden ließen – wie etwa die sexuellen Misshandlungen und der Kleiderentzug in Abu Ghraib. Insgesamt, meinte Lowe, lege die Denkschrift ein Argumentationsniveau an den Tag, das man von einem unterdurchschnittlich begabten Studenten erwarte.

Die Gegner der Folter wissen schon seit fast 400 Jahren, wie verabscheuungswürdig der Versuch ist, eine objektive Definition der Folter durchzusetzen. Friedrich Spee, ein aufrechter jesuitischer Gelehrter aus dem Rheinland, verlieh in seiner 1631 erschienenen *Cautio Criminalis*, einer Streitschrift gegen die Anwendung der Folter bei der Hexenjagd, dieser Einsicht Ausdruck. Der Punkt, an dem die Gefolterten zusammenbrächen, variiere bei den Individuen. Am Ende aber breche jeder zusammen: »Es ist kaum zu glauben, was Menschen alles unter der Folter gestehen und welche Unwahrheiten sie über sich und andere verbreiten. Am Ende ist alles, was die Folterknechte für wahr halten wollen, wahr.« Wäre er ein Inquisitor, schrieb Spee, könne er Geständnisse aus Priestern und Bischöfen herauspressen. Er kenne einen Inquisitor, erklärte er, der sich gerühmt habe, selbst dem Papst das Geständnis der Teufelsanbetung abpressen zu können.

Bybees übermäßig enge und verkürzte Definition der Folter hat dieser längst verstorbene Jesuit antizipiert. Während eine Woge fanatischer Hexenverfolgungen

Europa überschwemmte und dazu führte, dass Tausende unter der hochnotpeinlichen Befragung verstümmelt und anschließend auf dem Scheiterhaufen verbrannt wurden, notierte Spee, manche Techniken würden als Tortur »ersten Grades« klassifiziert, die noch gar nicht als rechtserhebliche Tortur gewertet würden. Manche davon waren entsetzlich: Bei einer dieser Techniken ersten Grades wurden die Schienbeine der beschuldigten Person in Eisenklammern gesteckt, die das Fleisch zerquetschten, bis auf beiden Seiten Blut herausschoss. Rechtlich gesehen aber konnte von einer Hexe, die dieser Prozedur unterworfen worden war, behauptet werden, dass sie ohne Anwendung der Folter gestanden habe.

Selbstverständlich trat Bybee nicht für die Wiederaufnahme solcher Methoden ein. Andererseits hieß es in seiner Denkschrift, es sei unangemessen, *irgendeine* Methode für unzulässig zu erklären, weil jeder Versuch einer gesetzlichen Einflussnahme auf das Recht des Präsidenten, über die Art der Kriegführung zu entscheiden, verfassungswidrig sei: »Als dem Oberbefehlshaber steht dem Präsidenten das verfassungsmäßige Recht zu, Verhöre feindlicher Kämpfer anzuordnen, um über die Absichten des Feindes geheime Informationen zu erlangen.« Diese Befugnis »gilt zumal mitten in einem Krieg, in dem die Nation schon einem unmittelbaren Angriff ausgesetzt war … unter Umständen lassen sich nur durch erfolgreiche Verhöre die erforderlichen Informationen beschaffen, um terroristische Angriffe gegen die USA und ihre Bürger zu verhindern. Der Kongress darf sich in die Methoden des Präsidenten zur Befragung feindlicher Kämpfer ebenso wenig einmischen, wie er dem Präsidenten strategische oder taktische Entscheidungen auf dem Schlachtfeld vorgeben darf.« Falls ein Vernehmungsoffizier später der Folter angeklagt würde, habe er außerdem zwei Möglichkeiten, sich zu verteidigen: Er könne geltend machen, dass die Folter »nötig« war, um einen terroristischen

Angriff zu verhindern, oder dass sie der Selbstverteidigung gedient habe.

Sosehr sich die Regierung später durch die Denkschrift in Verlegenheit versetzt fand; der Versuch, ihre Auswirkungen zu bagatellisieren, war heuchlerisch. Milton Bearden, der frühere CIA-Beamte, ein Veteran aus den geheimdienstlichen Bereichen des Vietnamkriegs, erklärte mir gegenüber: »Wie weit verbreitet die Denkschrift war oder wie genau darauf geachtet wurde und wer sie in die Hände bekam, spielt keine Rolle. Diese Denkweise breitet sich im System durch Mundpropaganda aus. Wer behauptet, dass dieses und andere amtliche Memoranden zu dem Thema wirkungslos blieben, weiß nicht, wie die Dinge an der Basis funktionieren.« Wer den Anweisungen des Präsidenten nachkam, habe den Eindruck gewonnen, dass ihm Straflosigkeit garantiert war. »Die Botschaft lautet: Das hier kommt von ganz oben, und egal, was du tust, solange du es für den Oberbefehlshaber tust, ist es in Ordnung.«

Vor diesem Hintergrund entwickelten das Pentagon und seine Anwälte zwischen Oktober 2002 und April 2003 in Reaktion auf die Bitte um Richtlinien für das, was in Guantánamo erlaubt war, eine Palette von Techniken der Gewaltanwendung. »Wir waren schon mehr als ein Jahr damit zugange und hatten nichts aus ihnen herausgekriegt«, erklärte ein Beamter gegenüber dem *Wall Street Journal*. »Wir brauchten eine weniger verkrampfte Vorstellung davon, was Folter ist und was nicht.« Ehe man die neuen Techniken entwickelt habe, hätten »die Leute verzweifelt versucht, schrittweise den Druck zu erhöhen«, mit Methoden wie etwa dem Einfall, auf den Köpfen der Gefangenen Damenunterwäsche zu drapieren. Am 11. Oktober fand die Frustration der Vernehmungsbeamten ihren Niederschlag in einem Memorandum, das Lieutenant Colonel Jerald Phifer aus Gitmo an seine Vorgesetzten weiterleitete. »PROBLEM«, schrieb er: »Die derzeitigen Richtlinien für die Vernehmungsprozeduren in GTMO beschränken die Möglichkeiten der Vernehmungsoffiziere, anspruchsvollen Formen des Widerstands zu begegnen.«

Schuld an ihren Schwierigkeiten war der offizielle Regelkodex für Vernehmungen beim Militär, bekannt als Feldhandbuch 34–52; es beginnt mit einem eindeutigen Verbot von Techniken der Gewaltanwendung: »Die Anwendung von Gewalt, geistige Folterung, Drohungen, Beleidigungen oder eine unangenehme und unmenschliche Behandlung jeglicher Art sind durch Gesetz verboten und werden von der Regierung der USA weder gestattet noch stillschweigend geduldet.« Solche Vorgehensweisen, stellt das Handbuch fest, seien nicht nur unnötig, sondern auch unwirksam: »Die Anwendung von Gewalt ist keine gute Technik, weil sie unzuverlässige Ergebnisse liefert, spätere Bemühungen um die Gewinnung von Informationen unter Umständen beeinträchtigt und die betroffene Person veranlassen kann, auszusagen, was der Vernehmungsoffizier hören will.« Bestimmte psychologische Techniken, fährt das Handbuch fort, seien statthaft. Dazu zählten Täuschungsmanöver wie etwa die Methode des »wir wissen alles« (so drückt es das Handbuch aus), durch die ein Beschuldigter den Eindruck gewinnt, dass seine Kameraden bereits ausgepackt haben, oder auch die dicke Akte unter dem Arm, die zum größten Teil aus leerem Papier besteht, oder schließlich das aus Kriminalfilmen bekannte Spiel »guter Bulle, böser Bulle«. Das Handbuch lässt auch emotionale Manipulationen zu, unter Überschriften wie etwa »Angst machen, sanfte Tour« und »Angst machen, harte Tour« (womit die »erhebliche Verstärkung von Angstgefühlen beim Häftling« gemeint ist), »Demütigung von Stolz und Ego« (will heißen, »das Selbstwertgefühl des Häftlings kränken oder angreifen«) und »emotionaler Hass« (sprich, »den Hass nutzen, den der Häftling gegen ein anderes Individuum oder eine andere Gruppe empfindet«).

In Gitmo, schrieb Phifer, reiche nicht einmal die harte Tour im Angstmachen aus, um den Widerstand zu brechen. Er bat um die Erlaubnis, eine Reihe von Techniken der »zweiten Kategorie« anwenden zu dürfen. Dazu gehörten ausgedehnte Isolationshaft in aufeinander folgenden Sequenzen von jeweils 30 Tagen, der Einsatz qualvoller »Stresspositionen«, bei denen die Gefangenen stundenlang krummgeschlossen stehen oder sitzen müssen, ununterbrochene Verhöre von bis zu 20 Stunden Länge, Entkleiden und »aufgezwungene Körperpflege (Rasieren usw.)«. Er ersuchte auch um die Erlaubnis, »individuelle Phobien der Häftlinge (wie etwa Angst vor Hunden) zur Verstärkung des psychischen Drucks nutzen zu dürfen«.

All diese Techniken, soviel ist klar, liefen auf eine flagrante Verletzung der Genfer Konvention hinaus, falls die Gefangenen von Gitmo ihrem Schutz unterstanden. Artikel 17 lautet: »Keine körperliche oder geistige Folter und auch keine andere Form der Zwangsausübung darf bei Kriegsgefangenen angewandt werden, um sich von ihnen Informationen irgendwelcher Art zu beschaffen. Kriegsgefangene, die sich weigern, zu antworten, dürfen nicht bedroht, beleidigt oder irgendeiner unangenehmen oder nachteiligen Behandlung ausgesetzt werden.« Von der Genfer Konvention aber sprach niemand, da ja die Amerikaner die schiefe Bahn eingeschlagen hatten, die ihnen Bushs Dekret vom Februar 2002 eröffnete, das die Unzuständigkeit der Konvention behauptete und sogar erlaubte, ihren »Geist« zu missachten, wenn die »militärische Notwendigkeit« dafür bestehe. Und auch keine Rede war davon, dass einige dieser Praktiken wie etwa der Einsatz von »Stresspositionen« von Regierungen der USA in den Jahresberichten des Außenministeriums über die Lage der Menschenrechte wiederholt verurteilt worden waren. Seit 2001 hatte das Außenministerium Birma, Ägypten, den Iran, Eritrea, Jordanien, Libyen, Saudi-Arabien, Pakistan, Tunesien, die Türkei und den Irak Saddam Husseins gerügt, weil sie Gefangene vor ihrem Verhör solche qualvollen Stresspositionen hatten erdulden lassen. Der israelische Geheimdienst Shin Bet wandte die Methode routinemäßig bei palästinensischen Verdächtigen an, bis sie 1999 vom Obersten Gerichtshof Israels verboten wurde.

Freilich reichten nicht einmal Methoden der zweiten Kategorie in Gitmo immer aus, schrieb Phifer. Er bat um die Erlaubnis, noch härtere Techniken der »dritten Kategorie« einsetzen zu dürfen. Sie seien »für einen sehr kleinen Prozentsatz der am wenigsten kooperativen Häftlinge erforderlich« und ließen sich, »wenn man sie sorgfältig koordiniert, nutzen, um außergewöhnlich widerspenstige Häftlinge zu verhören«. So konnte man einem Häftling suggerieren, »dass ihm und/oder seiner Familie der Tod oder qualvolle Schmerzen drohen«, man konnte ihn mit Wasser oder extremer Kälte traktieren oder man konnte, schrecklicher noch, »mittels eines nassen Handtuchs und tropfenden Wassers die irrige Empfindung bei ihm erzeugen, dass er im Begriff ist, zu ersticken«. Die CIA nennt diese Technik das »Wasserbrett« und hat sie Berichten zufolge nicht nur in Guantánamo, sondern auch andernorts gegen »hochwertige« terroristische Gefangene eingesetzt. In China, im Chile Pinochets, im Simbabwe Robert Mugabes und in anderen Ländern ist diese Methode bekannter unter dem Namen »U-Boot«. Ein Bericht der interamerikanischen Menschenrechtskommission aus dem Jahre 1980, der sie als eine Foltermethode der argentinischen Militärjunta anprangerte, benannte ihren Zweck: »Das Untertauchen in Form des so genannten U-Boots, wobei der Kopf des Opfers mit einer Stoffkapuze verhüllt und in Abständen in ein Gefäß mit Wasser gedrückt wird, [dient dazu,] Erstickungsängste hervorzurufen, um auf diese Weise aus dem Gefangenen Informationen herauszupressen.«

Donald Rumsfelds Antwort auf Phifers Bitte datiert vom

27. November. Nachdem er die Sache mit seinem Stellvertreter Paul Wolfowitz, mit Staatssekretär Douglas Feith und mit dem Vorsitzenden der Vereinigten Stabschefs Richard Myers erörtert habe, sei er bereit, alle Techniken der »zweiten Kategorie« zuzulassen, einschließlich Zwangsrasieren, Hunde, Ersetzung warmer Mahlzeiten durch kalte Feldrationen, Entfernung allen Komforts, sogar der Koranexemplare, und Stresspositionen. »Ich muss 8–10 Stunden stehen«, kritzelte Rumsfeld unten auf seine Anweisung. »Warum ist das Stehen auf vier Stunden beschränkt?« Das U-Boot genehmigte er vorerst nicht. Die einzige Methode der dritten Kategorie, die er zuließ, war »der Einsatz sanften, nicht verletzenden körperlichen Kontakts« wie etwa »Packen, mit dem Finger gegen die Brust Stoßen, Schubsen.«

Sechs Wochen später widerrief Rumsfeld überraschend diese Anweisung und setzte eine weitere juristische »Arbeitsgruppe« ein, die sich noch einmal Gedanken darüber machen sollte, welche Techniken angemessen waren. Unter Vorsitz des Justiziars des Verteidigungsministeriums und unter Beteiligung von Vertretern der Streitkräfte, des Stabsrats und der CIA fertigte die Gruppe mindestens zwei Memoranden an. Das erste vom 6. März 2003 stützte sich stark auf das frühere Bybee-Dokument und übernahm sowohl dessen Definition der Folter als auch die Behauptung, dass der Präsident in Kriegszeiten tun und lassen könne, was er wolle. Es gab die Ansicht wieder, dass sich Folterungen als eine Form der Selbstverteidigung rechtfertigen ließen. »Das Recht der Nation auf Selbstverteidigung ist durch die Ereignisse des 11. September in Kraft gesetzt worden. Wenn ein Verteidiger des Staats während eines Verhörs einen feindlichen Kämpfer in einer Weise schädigt, die eventuell einen strafrechtlichen Tatbestand erfüllt, dann tut er das, um künftige terroristische Attacken des Al-Qaida-Netzwerks gegen die Vereinigten Staaten zu verhindern. . . . Er könnte geltend machen, dass die verfassungsmäßige Befugnis der Exekutive, die Nation vor Angriffen zu schützen, seine Handlungen deckt.«

Die Autoren des Memorandums waren sich sehr wohl bewusst, in welch finstere Regionen ihre Überlegungen führten: Da war die Behauptung des Kriegsverbrechers, er habe nur »Befehle ausgeführt« und könne deshalb nicht zur Verantwortung gezogen werden. Sie zitierten sogar die Charta des Nürnberger Kriegsverbrechertribunals: »Der Umstand, dass der Angeklagte auf Befehl seiner Regierung oder eines Vorgesetzten handelte, befreit ihn nicht von seiner Verantwortung.« Aber ein der Folter angeklagter Vernehmungsoffizier, meinten sie, könne geltend machen, dass seine Befehle »sich unter Umständen als rechtmäßig erweisen« und er »durch ihre Nichtbefolgung ein Risiko eingeht«. Mit anderen Worten, der Untergebene, der den Befehl erhält, die Folter anzuwenden, könne seine Handlungen mit der Furcht vor den Konsequenzen seines Ungehorsams rechtfertigen.

Ausländische Häftlinge in Gitmo, hebt das Memorandum hervor, unterstünden nicht der Rechtsprechung der Bundesgerichte und könnten also auch nicht beanspruchen, den verfassungsmäßigen Schutz vor grausamer und ausgefallener Bestrafung zu genießen. Selbst bei Änderung ihrer rechtlichen Position müssten die Betreffenden nachweisen, dass die Verhörmethoden »schockierend für sie« seien, damit diese als ungesetzlich gelten könnten – was Al-Qaida-Verdächtigen vor einem amerikanischen Bundesgericht wohl schwer fallen dürfte.

Das letzte Memorandum der Arbeitsgruppe über die Vernehmungsmethoden in Guantánamo wurde sechs Wochen später fertig. Mit seiner These, dass »die Wahl der Verhörtechniken in jedem einzelnen Fall eine Risiko-Nutzen-Analyse erfordert«, schlug es einen pragmatischen Ton an. Bei der Einschätzung, ob »ausgefallene« Methoden am Platze seien, müsse man »die möglichen nachteiligen Auswirkun-

122

gen auf die Kultur und Selbstachtung der amerikanischen
Streitkräfte in Betracht ziehen; diese Selbstachtung dürfte in
der Vergangenheit durch die Erfahrung von Kriegsrecht-
verletzungen Schaden gelitten haben«. Es bestehe auch die
Gefahr, dass durch die Erpressung von Aussagen mittels
härterer Methoden »Geständnisse zustande kommen, die in
späteren Gerichtsverfahren als unfreiwillig angefochten
werden ... je mehr Zwang ausgeübt wird, um so größer ist
die Wahrscheinlichkeit, dass die jeweilige Methode im eigenen Land und auf internationaler Ebene auf Ablehnung
stößt«.

Am 16. April fertigte Rumsfeld seine überarbeitete Palette von »widerstandbrechenden Techniken« für die Vernehmungsoffiziere aus. Auf der Liste standen alle psychologischen Methoden, und dazu »negativer Szenenwechsel –
Transfer des Häftlings aus dem normalen Befragungsmilieu
in ein weniger angenehmes Milieu« sowie »Beeinflussung
durch Ernährung«, sprich, Entzug der regelmäßigen Mahlzeiten. Alle Einrichtungsgegenstände, der Koran eingeschlossen, konnten weggenommen werden. Von Stresspositionen
war keine Rede, aber der Einsatz von »Schlafanpassungen«
war erlaubt, was so viel bedeutete wie »Veränderungen der
Schlafzeiten des Häftlings (z. B. Verschiebung der Schlaf-
zyklen von der Nacht auf den Tag)«. Ohne das mindeste Gefühl für die Schwierigkeit, in der Hitze des Gitmo-Tages in
einem Metallkasten ohne Klimaanlage zu schlafen, verstieg
sich Rumsfeld zu der absurden Behauptung: »Diese Technik
ist KEIN Schlafentzug.« Auch »Veränderungen des Milieus
... zur Erzeugung eines gewissen Maßes von Unbehagen
(wie etwa Änderungen der Temperatur oder der Einsatz
eines üblen Geruchs)« waren möglich. Das werde, räumte
Rumsfeld ein, manchen Nationen »unmenschlich« vorkommen.

Schließlich kam das vielleicht Wichtigste, die Isolationshaft. Rumsfeld schränkte die Länge der Zeiträume für diese

Tortur nicht ein, sondern bemerkte nur, sie werde »für Verhörzwecke im Allgemeinen nicht länger als 30 Tage angewandt«. In einem zu diesem Zeitpunkt der Geheimhaltung unterliegenden Kontext enthüllte er sodann, wie zynisch seine oft wiederholte Behauptung, die Behandlung der Häftlinge durch die Amerikaner stehe »im Einklang mit dem Prinzipien« der Genfer Konvention, tatsächlich war: »Nationen, nach deren Ansicht die Häftlinge unter dem Schutz des Kriegsrechts stehen, betrachten unter Umständen diese Technik als unvereinbar mit den Anforderungen von Genf III.« Tatsächlich verstoße die Methode, gab Rumsfeld zu, gegen mindestens vier Artikel der Konvention. Aber da »die Genfer Artikel für die Verhöre unrechtmäßiger Kämpfer keine Geltung haben«, bilde dies kein Hindernis.

Noch mehrere Monate lang behaupteten die Regierung und die militärische Führung steif und fest, die Verhöre in Gitmo stünden ebenso wie die dortigen Haftbedingungen im Einklang mit dem »Geist« von Genf. Es war, als gäbe es den Artikel 17 gar nicht, in dem klar und deutlich steht, dass Gefangene, die sich weigern, Auskunft zu geben, nicht »irgendeiner unangenehmen oder nachteiligen Behandlung ausgesetzt« werden dürfen. »Guantánamo ist eine professionelle, humane Haft- und Befragungseinrichtung«, erklärte im Juni 2004 General James T. Hill vom Südlichen Kommando in Miami gegenüber Journalisten. »Es ist gesetzeskonform und entspricht dem amerikanischen Geist. Es hat einen Beitrag zum Sieg im Kampf gegen den Terror geleistet und wird das auch weiter tun.«

Mein Interview mit Shafiq Rasul, Asif Iqbal und Ruhal Ahmed fand im März 2004 statt, zwei Monate vor den ersten Nachrichten über Abu Ghraib und drei Monate, ehe die

Memoranden an die Öffentlichkeit gelangten. Die Aussagen meiner Interviewpartner können nicht durch Medienberichte beeinflusst worden sein. Ebenfalls im März brachten *Granada Television* und *Daily Mirror* ein langes Interview mit Jamal al-Harith, dem fünften freigelassenen britischen Häftling. Tarek Dergoul traf ich zwar erst im Mai, aber er hatte bereits Wochen zuvor gegenüber Louise Christian, seiner Londoner Rechtsanwältin, die gleichen Anschuldigungen erhoben. Gleich nach ihrer Publikation wurden die Berichte der Häftlinge von mehreren amerikanischen Regierungssprechern zurückgewiesen. Im Lichte der oben zitierten Dokumente muten diese Dementis wenig überzeugend an.

Als Anfang 2003 die Verhöre häufiger wurden, warteten Tarek Dergoul zufolge die Wachen mit einem neuen Spruch auf, wenn sie die Häftlinge holen kamen: »Du hast einen Termin.« Das hieß nicht immer, dass ein Gefangener tatsächlich verhört wurde. Etwa einen Monat lang, erzählte er, hätten im vergangnen Jahr die Wachen ihn jeden Tag gefesselt zu einer Vernehmungskabine gebracht, dort hingesetzt, an dem Ring im Fußboden angekettet und dann für einen Zeitraum von acht Stunden allein gelassen. »Die Klimaanlage lief auf vollen Touren, es war eiskalt, und das war unglaublich schmerzhaft für meine Amputationsstümpfe. Irgendwann musste ich Wasser lassen, und am Ende versuchte ich, meinen Stuhl zum Kippen zu bringen, um auf den Fußboden zu kommen. Natürlich machte ich irgendwann in die Hose. Es war erniedrigend. Sie beobachteten mich durch ein verspiegeltes Fenster. Kaum hatte ich mich nass gemacht, kam eine Militärpolizistin rein und brüllte: »Sieh nur, was du angerichtet hast! Du bist ekelhaft.« Danach habe man ihn für drei Stunden zurück in seine Zelle gebracht, bis die Wachen erneut erschienen seien und das Ganze von vorne angefangen habe.

Manchmal hätten, berichtete Dergoul, die Wachen auch

mit Hitze gearbeitet: »Die Klimaanlage wurde in der Gegenrichtung voll aufgedreht, so dass die Luft im Raum noch heißer war als draußen im Freien. Und manchmal, wenn du dich vom Platz rührtest, zogen sie dir den Stuhl weg, sodass du umkipptest und in Todesangst auf den Boden stürztest. In Zeiten besonders massiver Verhöre habe man ihm keine saubere Kleidung und kein frisches Bettzeug gegeben oder nur Kleider, die zu klein waren. Ein weitere Technik bestand darin, ihm das Toilettenpapier vorzuenthalten, »damit du dich nicht abwischen kannst, nachdem du auf der Toilette warst. Oder sie gaben dir gerade einmal vier Blatt – nicht einmal genug, um dir die Nase damit zu putzen.«

Auch Asif Iqbal ließ man viele Stunden lang angekettet in einer Kabine schmoren, und wie Dergoul war auch er am Ende gezwungen, in die Hose zu machen. Die Gefangenen waren so oft genötigt, in den Kabinen zu urinieren, dass die Vernehmungsoffiziere die Gewohnheit annahmen, nach jeder Sitzung ihre Plastikstühle abspritzen zu lassen. Manchmal dröhnte ohrenbetäubende Musik; er erinnerte sich an Eminem, Bruce Springsteen und »Techno«-Tanzmusik, begleitet von stroboskopischen Lichtblitzen. Einmal, erzählte er, habe ihm ein Vernehmungsoffizier Pornos gezeigt und gesagt: »Schau es dir an, das ist das letzte Mal, dass du eine Muschi siehst.« In Großbritannien aufgewachsen, war er allerdings relativ immun gegen sexuelle Provokationen dieser Art: »Ich habe nur gelacht.« Arabische Häftlinge allerdings hätten ihm und Dergoul berichtet, welch tiefe Demütigung es für sie gewesen sei, mit bis zu den Knöcheln heruntergezogenen Unterhosen angekettet in den Kabinen sitzen zu müssen.

Dergoul schilderte auch das Verfahren des so genannten »Engschließens«, bei dem die miteinander verbundenen Fesseln an Händen und Füßen festgezogen wurden, sodass der am Boden Angekettete gekrümmt sitzen musste. »Nach einiger Zeit war es die reine Qual. Du hörtest die Wachen hinter dem Spiegel, wie sie Witze rissen, aßen und tranken, an die Wände klopften. Es ging nicht darum, Informationen zu bekommen. Es ging darum, dich klein zu kriegen.« In ihrem Brief an den Streitkräfteausschuss des Senats gaben Shafiq Rasul und Asif Iqbal an, dieser Prozedur ebenfalls ausgesetzt worden zu sein: »Wir wurden gezwungen, ohne Stuhl, mit den Händen zwischen den Beinen gefesselt und am Fußboden angekettet, dazuhocken. Wenn wir vornüber fielen, schnitten uns die Ketten in die Hände. Man hielt uns stundenlang in dieser Stellung vor einem Verhör, während der Verhöre (die bis zu 12 Stunden dauern konnten) und manchmal auch stundenlang, während die Vernehmungsoffiziere den Raum verlassen hatten. Die Klimaanlage war so hoch gedreht, dass wir binnen Minuten froren. Es gab stroboskopische Blitze und so laute Musik, dass dies bereits, für sich genommen, einer Folter gleichkam. Manchmal brachten sie Hunde herein, um uns Angst zu machen. Die ganze Zeit über, während wir dort waren, bekamen wir nichts zu essen, und wenn wir in unsere Zellen zurückkehrten, mussten wir den Tag über hungern.« Jamal al-Harith berichtete dem *Daily Mirror*, manchmal sei man »mit richtig zusammengeschnürten Händen und Füßen am Fußboden angekettet worden. Einer meiner Freunde hat mir erzählt, dass er 15 Stunden lang in dieser Stellung bleiben musste.«

Im Juni 2004 interviewte die *New York Times* Parkhudin, einen 26-jährigen afghanischen Bauern, der von Februar 2003 bis März 2004 in Guantánamo festgehalten wurde. Auch er berichtete, dass er stundenlang hintereinander gefesselt und an einer »kurzen Kette« in unbequemen Stellungen ausharren musste. Er fügte hinzu: »Sie ließen mich vor einer Klimaanlage stehen. Der Luftstrom war sehr kalt.« Ungeachtet Rumsfelds Entscheidung, »Stresspositionen« nicht zuzulassen, fällt es schwer, so viele Berichte nicht zur Kenntnis zu nehmen. Interessant ist aber, dass in der

Reihe von Memoranden, aus denen oben zitiert wurde, »Stress«-Techniken immer mit dem Aufrechtstehen verknüpft erscheinen. Offenbar gehörte es nicht zur Kategorie »Stressposition«, wenn man Leute auf Stühlen sitzend oder auf dem Fuboden hockend ankettete.

Schlafentzug (in Rumsfelds Ausdrucksweise »Schlafanpassung«) wurde ebenfalls regelmäßig praktiziert. Ruhal Ahmed berichtete, dass die Häftlinge von »Vielfliegern« sprachen – womit Häftlinge gemeint waren, die Tag und Nacht, alle zwei Stunden, ihren »Dreiteiler« anziehen und von einer Zelle in die andere umziehen mussten. Er kannte einen Gefangenen, dessen Namen er als Abdul al-Aziz angab und der dies wochenlang über sich hatte ergehen lassen müssen. Tarek Dergoul zufolge hatte man Mamdouh Habib, den Australier, einem so massiven Schlafentzug unterworfen, dass er schließlich jede Orientierung verlor. Habib – der Dergoul erzählte, man habe ihn, bevor er nach Guantánamo gebracht wurde, in Ägypten mit Elektroschocks gefoltert – sprach oft von seiner Frau Mall und seinen zwei Kindern, von denen er aber überzeugt war, dass sie beide nicht mehr lebten. Welche Qualen die Frau empfunden haben muss, als sie nach Dergouls Freilassung von ihm erfuhr, wie es um ihren Mann stand, kann man sich kaum vorstellen.

Die freigelassenen Häftlinge erklärten, die Vernehmungsoffiziere in Gitmo wendeten viele der amtlich genehmigten psychologischen Methoden an. Zu den häufigsten gehöre, dass der Vernehmungsoffizier behaupte, Beweise für die »Schuld« des Verdächtigen zu besitzen; Shafiq Rasul war mit dieser Technik wieder und wieder konfrontiert worden. Zum Beispiel erzählte man ihm, bei einer Razzia in einer afghanischen Höhle seien Fotos von ihm auf einem »Al-Qaida-Mitgliedsformular« gefunden worden. »Tatsache ist, dass ich meinen Pass in Pakistan zurückließ. Dann behauptete der Vernehmungsoffizier, direkt neben meinem

128

Al-Qaida-Formular hätten sie das meines Bruders Habib gefunden. Der Vernehmungsoffizier versicherte, er sage die Wahrheit, und versprach, das nächste Mal die Belege mitzubringen. Beim nächsten Mal erklärte er dann, er habe sich geirrt.«

General Millers »Zuckerbrote«, die Anreize, die er für Kooperationswillige schuf, führten manchmal dazu, dass ein Gefangener gegen einen anderen falsche Anschuldigungen erhob, was dann Gegenstand weiterer intensiver Vernehmungen wurde. Shafiq Rasul erzählte mir: »Sie nahmen sich uns immer wieder vor, zeigten uns Fotos und behaupteten: ›Der Kerl hier hat gesagt, du hast dies getan, und der hier sagt, du hast das getan‹ – was hieß, dass andere Häftlinge, die sich verzweifelt bemühten, da rauszukommen, Anschuldigungen erhoben und sich Sachen ausdachten, weil sie hofften, dass man sie dafür aus dem Lager entlassen würde.« Sein eigener Vernehmungsoffizier habe ihm gesagt: »Wenn du ein bisschen mehr Bequemlichkeit willst, musst du uns Informationen über Leute im Block liefern.« Er habe sich besonders an belastenden Informationen über Jamal al-Harith interessiert gezeigt. »Ich lehnte ab.« Sie sagten: ›Es könnte dir hier raushelfen.‹ Nach dieser Sitzung, erzählte Rasul, habe man zur Strafe seine Versorgung aufs niedrigste Niveau heruntergestuft. »Ich bekam nur eine dünne Matte statt einer Matratze und nur zwischen 11 Uhr nachts und 5 Uhr morgens eine Schlafdecke. Tagsüber in der Zelle hatte ich nur meine Kleider und den Koran.«

Asif Iqbal erinnerte sich: »Einer der Mithäftlinge behauptete, ich sei im Farouk-Schulungszentrum für Terroristen gewesen. Das führte zu einer Reihe von Verhören, wo sie mir einzureden versuchten, dass ich dort gewesen sei. So läuft das System: eine Anschuldigung nach der anderen; wenn die eine nichts bringt, dann vielleicht die nächste; wenn dies hier nicht funktioniert, dann vielleicht das da, bis sie schließlich ihr Geständnis haben.«

Zwei Monate vor seiner Freilassung wollten die Leute, die ihn verhörten, immer wieder von ihm wissen, wo man in seiner Heimatstadt Tipton Boden-Luft-Raketen kaufen könne, weil offenbar ein Mithäftling behauptet hatte, Rasul habe dort welche erstanden. (Man beachte, dass Rumsfeld in seiner Rede vor der Handelskammer in Miami verkündete, Gitmo habe wertvolle Informationen über den Kauf solcher Waffen durch Terroristen zutage gefördert.) Wie jeder wisse, der das ruhige Städtchen in den britischen Midlands kenne, sei die Behauptung absurd: »Ich versuchte, mit ihm zu diskutieren. Glaube er wirklich, dass ich in einer Art Kriegsgebiet aufgewachsen war? Anfangs hatte ich Angst in den Verhören, aber gegen Ende kamen sie mir nur noch dumm vor.«

Im Herbst 2003 äußerte das Internationale Rote Kreuz, das Gitmo weiterhin regelmäßig besuchte, massive Bedenken wegen der Vernehmungsmethoden und Millers Zuckerbrot-und-Peitsche-Strategie. Bei einem Treffen in Millers palmengesäumtem Büro am 9. Oktober, dessen Protokoll in meine Hände gelangt ist, legte eine Delegation des Roten Kreuzes, bestehend aus Vincent Cassard, Christophe Girod und Thomas Heneke, den bis dahin schärfsten Protest gegen die Behandlung der Gefangenen in Gitmo ein.

Als Erstes brachten die Vertreter des Roten Kreuzes den Umstand zur Sprache, dass sie nicht alle Häftlinge zu sehen bekommen hatten. Girod erinnerte Miller daran, dass nach der dritten Genfer Konvention und nach der »üblichen Verfahrensweise, die [das Rote Kreuz] weltweit praktiziert«, ihm und seinen Kollegen »unbeschränkter Zugang zu allen Bereichen und zu allen Häftlingen« zu gewähren sei. Natürlich ging Girod noch davon aus, dass sich Amerika in Gitmo »an die Genfer Prinzipien hält«. Erst viele Monate später wurde Bushs Dekret vom 7. Februar 2002 der Öffentlichkeit bekannt, mit seiner einschränkenden Bemerkung, dass man sich nur nach Maßgabe der »militärischen Notwen-

130

digkeit« an die Konvention halten werde. Miller hingegen hatte das Dekret offensichtlich gelesen. Die nicht vorgeführten Häftlinge, informierte er Cassard, »waren aus Gründen militärischer Notwendigkeit während dieses Besuchs unzugänglich«.*

Als Nächstes brachte Cassard das Problem der unablässigen Verhöre zur Sprache, die nach seinen Befürchtungen für die geistige Gesundheit der Häftlinge schwerwiegende Folgen haben konnten. »Das IRK hat den Eindruck, dass die Vernehmungsoffiziere allzu großen Einfluss auf die Befriedigung der Grundbedürfnisse der Häftlinge haben. Dass die Vernehmungsoffiziere versuchen, die Häftlinge durch Isolation gefügig zu machen ... dass die Vernehmungsoffiziere voll und ganz über den Grad der Isolation, in der die Häftlinge gehalten werden, über ihr Versorgungsniveau, sogar über ihre Grundversorgung entscheiden können.« Miller schmeckte es nicht, auf diese Weise gemaßregelt zu werden; er erklärte, »Probleme« damit zu haben, dass Cassard überhaupt auf das Vernehmungsverfahren zu sprechen komme. »Die Verhörmethoden stehen hier nicht zur Debatte«, erklärte er. »Das IRK solle sich auf die Frage der Haftbedingungen konzentrieren, nicht auf die Befragungsmethoden. JTF GTMO behandelt alle Häftlinge menschlich.«

Girod und Cassard ließen Millers Antwort nicht gelten. Das Rote Kreuz, erklärten sie, konzentriere sich »auf den psychologischen Druck und den Zwang, der auf die Häftlinge ausgeübt werde, und auf die kumulativen Auswir-

---

* Artikel 126 der Konvention sieht in der Tat für die Macht, die den Freiheitsentzug übt, einen gewissen Spielraum vor, den Zutritt zu verweigern; allerdings darf sie das nur »aus Gründen zwingender militärischer Notwendigkeit und auch dann nur ausnahmsweise und vorübergehend«. Gedacht ist hier etwa an ein Gefangenenlager, in dessen unmittelbarer Umgebung Kriegshandlungen stattfinden, und nicht (wie Miller zu meinen scheint) an ein Lager, in dem Häftlinge besonders harten und lang anhaltenden Verhören unterworfen werden.

kungen auf ihre geistige Gesundheit«. Verschlimmernd wirke sich der Umstand aus, dass es kein gerichtliches Verfahren gebe, das die Zeit begrenzen könne, in der die Gefangenen vernommen würden, und dass »hier in Guantánamo alles uferlos ist«. Miller zuckte mit den Schultern und erklärte, das sei »eine politische Frage, deretwegen man sich an Washington wenden« müsse.

Als die Delegierten des Roten Kreuzes allerdings in die Einzelheiten gingen, geriet Miller in Erklärungsnot, und das – von seinem Personal angefertigte – Protokoll deutet darauf hin, dass er sie schlicht hinters Licht führte, was das von ihm geschaffene System betraf. Vielleicht hatte er das schmale Büchlein eines früheren militärischen Vernehmungsoffiziers namens Patrick McDonald mit dem Titel *Bring sie zum Sprechen* [*Make 'Em Talk*] gelesen, in dem der Leser den Rat erhält: »Der Hauptfehler, den Vernehmungsoffiziere begehen, wenn sie andere auf eine Weise verhören, die als gesundheitsschädigend oder anstoßerregend gewertet werden kann, ist, dass sie es in Anwesenheit von Zeugen tun ... Wenn dir aus den Verhören, die du durchgeführt hast, rechtliche Probleme erwachsen, denk daran: einfach alles leugnen! Nichts zugeben und Gegenbeschuldigungen erheben!«

Cassard erklärte, er sehe mit Besorgnis, dass nur denjenigen, die mit den Vernehmungsoffizieren kooperierten, größere Zugeständnisse gemacht würden, wie etwa die Verlegung nach Camp Vier. Darauf erwiderte Miller: »Jeder Häftling in Camp Delta erhält die Grundversorgung, die von der Genfer Konvention gefordert wird. Mehr als 85 Prozent der Häftlinge in Camp Delta erhalten außerdem Vergünstigungen, die über den Grunderfordernissen liegen. ... Hat das IRK etwas gegen diese Sondervergünstigungen einzuwenden?« Und er versicherte, die Vergünstigungen würden nicht entzogen, weil die Betreffenden nicht kooperierten, sondern »aus disziplinarischen Gründen. Wenn ein

Häftling die Vergünstigungen einbüßt, dann aufgrund seiner Handlungen.« Cassard nannte als Beispiel die Entscheidung von Vernehmungsoffizieren, dem nicht kooperierenden Häftling keine Bücher zu gestatten. Wieder war Millers Antwort von der Wahrheit entfernt: »Beschränkungen kommen nur als Ergebnis von disziplinarischen Verstößen des Häftlings vor.« Cassard erklärte, sie hätten von so vielen Gefangenen gehört, es seien ihnen wegen der Weigerung auszusagen Bücher und andere Gebrauchsgegenstände weggenommen worden, dass sie keinen Grund hätten, an der Berechtigung der Beschwerden zu zweifeln. Miller antwortete, »er werde sich die Beschwerden anhören, was er aber dem IRK gesagt habe, entspreche den Tatsachen«.

Zufällig fand mein eigenes Interview mit General Miller nur acht Tage nach seinem Gespräch mit dem Roten Kreuz statt. Wie gesehen, machte er mir gegenüber kein Hehl aus seiner Überzeugung, dass die Verschärfung der Lebensbedingungen für die Kooperationsunwilligen den Ertrag der Verhöre gesteigert hatte.

Schließlich beanstandete Cassard, dass medizinische Unterlagen, die seelische Verfassung der Häftlinge betreffend, an die Untersuchungsoffiziere weitergegeben wurden, damit diese ihre »Vernehmungspläne« besser ausarbeiten konnten; Cassard sprach von einem »Vertrauensbruch im Arzt-Patienten-Verhältnis«. Im Juni 2004 interviewte die *Washington Post* zahlreiche Beamte, die diesen Vorwurf bestätigten, unter ihnen Brigadier General Rick Baccus: Die Akten würden »routinemäßig dem Personal des militärischen Geheimdienstes zugänglich gemacht«, erklärte er, auch wenn er sich nicht sicher sei, was sie damit anfingen. Wäre er sich bewusst gewesen, dass diese Praxis gesetzeswidrig ist oder internationale Bestimmungen verletzt, sagte Baccus, »hätte er die Sache unterbunden«.

Miller entschied sich beim Roten Kreuz für ein anderes Verfahren: Er leugnete den Vorgang und riet Cassard und

Girod, »ihre Informationen zu überprüfen«. Ihre Entrüstung kann man aus dem Bericht herauslesen. »Mr. Cassard äußerte die Sorge, dass Major General Miller die Unterhaltung nicht ernst nehme. Major General Miller erklärte, er nehme die Unterhaltung ernst und respektiere die Arbeit und den Standpunkt des IRK. Er seinerseits bitte das IRK, seinen Standpunkt zu respektieren.«

Der Vernehmungsoffizier, der von Shafiq Rasul wissen wollte, wie man sich in Tipton Boden-Luft-Raketen beschaffen könne, war jung und unerfahren wie die meisten von denen, die die Häftlinge verhörten. »Man sah diese Typen in ihren Shorts und Polohemden und dachte, ›der Typ soll Vernehmungsoffizier sein? Der ist doch höchstens zwanzig‹«, erzählte Rasul.

Die Nachrichtenmannschaft Gitmos sei in fünfköpfigen Gruppen organisiert, die »Tigerteams« genannt würden, erzählte mir Miller; bei sieben Zehntel von ihnen handele es sich um Reservisten. Sie verfügten über sogar noch weniger Berufserfahrung als diejenigen, die in Afghanistan die Insassen von Gitmo selektiert hatten. Die meisten waren direkt von einem 25-Tage-Kurs an der, wie Miller sich ausdrückte, »Tigerteam-Universität« in Fort Huachuca nach Camp Delta geschickt worden. Die Mehrzahl von ihnen kam in Guantánamo zum ersten Mal mit antiterroristischen Untersuchungen in Berührung. Miller aber erklärte eben diese ihre Unerfahrenheit zu einem Aktivposten: »Es sind alles junge Leute, aber sie sind wild entschlossen, die Mission zum Erfolg zu führen. Nachrichtendienst zu spielen ist etwas für junge Leute – man muss flexibel sein.« Er führe gern über Bildtelefon ein Gespräch mit den Studenten in Fort Huachuca, bevor sie herkämen. »In Guantánamo Bay kennt der Tiger keinen Schlaf, sage ich ihnen.« Diese jungen Leute seien so begabt und so »um den Erfolg der Mission bemüht«, dass schon nach kurzer Zeit »diese Tigerteams mehr über Sie und Ihre Familie wissen als Sie selbst – und über die Ereignisse, die Sie dem Terrorismus in die Arme getrieben haben. Wir sind sehr, sehr gut im Verhören.«

Amerikanische Offiziere mit mehr nachrichtendienstlicher Erfahrung wie etwa Lieutenant Colonel Christino, der während seiner Zeit im Pentagon 2003 unmittelbaren und ständigen Zugang zu dem »Ertrag« aus Gitmo hatte, können Millers Selbstbeweihräucherung nicht akzeptieren. Christino zufolge wirkten sich die ungenügende Ausbildung der Vernehmungsoffiziere wie auch ihr Mangel an Erfahrung und die Tatsache, dass sie auf Dolmetscher angewiesen sind, massiv nachteilig aus. »Die Schulung in Fort Huachuca als Ausbildung mit Hochschulniveau zu beschreiben, ist eine schamlose Irreführung«, erklärte er. »Die ›akademischen‹ Verhältnisse und Leistungskriterien in Fort Huachuca lassen sich mit denen einer anerkannten Universität nicht vergleichen. Bis Miller sein System von Bestrafungen und Belohnungen einführte, so Christino, »gewannen die Vernehmungsoffiziere in Guantánamo Informationen von geringem bis bescheidenem Wert. Zweifellos erwarben sie nützliche Kenntnisse über Rekrutierung und Schulung und vielleicht auch beschränkte Einblicke in die Finanzierung und die Logistik, aber über die Operationen nicht viel. Und dann kommt Major General Miller daher, und plötzlich fördern sie ›ungeheuer wertvolle Informationen‹ zutage. So eine Formulierung wäre nur gerechtfertigt, wenn sie sich auf detaillierte Informationen darüber bezöge, was die Terroristen zu tun imstande sind und was sie vorhaben. Ich bezweifle, dass irgendeiner der Häftlinge in Guantánamo jemals Zugang zu dieser Art von Information hatte; wenn manche von ihnen das behaupteten, dann wahrscheinlich entweder, um Vergünstigungen zu erhalten oder um den von General Miller eingeführten Misshandlungen zu entgehen.«

Einem solch unerfahrenen Personal die Vernehmung mutmaßlicher Terroristen zu übertragen und sie fast ausschließlich mittels Dolmetschern durchzuführen, war im Übrigen kein Verfahren, das im Verlaufe des Kriegs gegen den Terror andernorts üblich gewesen wäre. Der Umgang mit dem islamistischen Terrorismus seit Anfang der achtziger Jahre des 19. Jahrhunderts hat die Veteranen in der CIA und beim Militär einiges gelehrt. Einem noch aktiven Geheimdienstoffizier zufolge zählt zu den Lektionen, die gelernt werden mussten, dass »es weit wirkungsvoller ist, einen Verdächtigen in seiner eigenen Sprache zu befragen«. So sei etwa, als die USA Abu Zubaydah fassten, der als einer der engsten Mitarbeiter Osama bin Ladens galt, ein CIA-Agent aus dem fernen Kuwait eingeflogen worden, um das Verhör zu leiten. Dieser Agent habe nicht nur Arabisch gesprochen, sondern sich sogar in den Idiomen des Dialekts ausgekannt, den Abu Zubaydah sprach. »In Gitmo aber verwenden sie nach wie vor Dolmetscher«, fuhr der Offizier fort. »Was sagt uns das? Dass sie die Leute dort für nicht sehr wichtig halten. Die großen Fische – Abu Zubaydah, Khalid Shaikh Mohamed [er gilt als der planende Kopf hinter dem Attentat auf das World Trade Center] – glauben Sie etwa, die sind in Gitmo? Natürlich nicht.«

Auf die Befragung wichtiger Verdächtiger dieser Art bereiten sich Befragungsbeamte sorgfältigst vor. »Im Vorteil ist derjenige, der sich mit der betreffenden Person in- und auswendig vertraut gemacht hat«, erklärte mir ein Fachmann auf dem Gebiet antiterroristischer Vernehmungen. »Normalerweise verbrachte ich mindestens 90 Tage damit, den Betreffenden im Vorhinein zu studieren; ehe ich ihm die erste Frage stellte, hatte ich alles über ihn herausgefunden. Falls ich die Genehmigung erhielt, hakte ich mit Vorladungen, Abhöraktionen usw. nach. Manchmal dauerte es ein, zwei Jahre, bis man das Befragungsstadium erreichte.« Die Tigerteams in Gitmo gingen nicht auf diese Weise vor. »Ich weiß definitiv von niemandem in Gitmo, der Gelegenheit hatte oder es sich leisten konnte, eine Befragung drei Monate lang vorzubereiten. Im Allgemeinen sind die neu Angeworbenen in Begleitung erfahrenerer Burschen von Anfang an in den Vernehmungskabinen als Praktikanten tätig. Sie waren Grünschnäbel.«

Bei Guantánamo handele es sich vielleicht sogar um »eine Art Scheinfassade«, die Al Qaida ablenken solle, meinte der oben zitierte Geheimdienstoffizier. »Es lenkt die allgemeine Aufmerksamkeit von den wichtigeren Geschäften und Orten ab, wo die »großen Fische« festgehalten werden. Die Geheimniskrämerei, die Guantánamo umgibt, erweckt bei jedermann den Eindruck, dass hier hochwichtige Dinge passieren. Durch vielerlei Quellen ist bezeugt, dass keiner der bekannten führenden Mitglieder der Al Qaida in Gitmo einsitzt. Abu Zubaydah und Khalid Shaikh Mohamed wurden anfänglich an einem geheimen Ort in Thailand unter amerikanischer Leitung verhört, und das galt auch für den anderen Hauptorganisator des Attentats vom 11. September, Ramzi Binalshibh. Befragungen nachweislicher Terroristenführer haben außerdem in Pakistan, in Jordanien und in, wie es ein Gewährsmann ausdrückt, »schwimmenden Vernehmungszellen« auf dem Indischen Ozean stattgefunden.

Das Protokoll eines weiteren Treffens zwischen dem Roten Kreuz und General Miller, das am 4. Februar 2004 stattfand, verrät uns, dass es damals bereits nur noch einen unter den 652 Häftlingen gab, dessen Position Miller für so geheimhaltungswürdig hielt, dass er dem Roten Kreuz den Zugang zu ihm verweigerte – einen Marokkaner namens Abdullah Tabarak, der angeblich Osama bin Laden als Leibwächter gedient hatte. Der Häftling, der sich mit den Angriffen vom 11. September am ehesten in Verbindung bringen ließ, war ein Saudi namens Mohammed al-Kahtani;

ihm war im August 2001 am Flughafen von Miami die Einreise in die USA verweigert worden. Den Geheimdienstberichten zufolge, die von der offiziellen Untersuchungskommission zum 11. September angeführt wurden, könnte er die Absicht gehabt haben, sich einem der Kidnapperteams anzuschließen.

Shafiq Rasul erklärte, in Camp Delta befänden sich zwar »ein paar Mullahs der Taliban«, aber in den zwei Jahren, die er dort verbracht habe, sei ihm niemand begegnet, den er als zum »harten Kern« gehörig bezeichnen würde. Da seien Leute gewesen, fügte er hinzu, »bei denen es sich angeblich um islamische Fundamentalisten handelte und die nicht einmal wussten, wie man betet«. Bekanntlich ist einer der Gefangenen Abdul Salam Zaeef, der frühere Botschafter der Taliban in Pakistan, der sich in seinem früheren Leben regelmäßig mit amerikanischen Diplomaten traf: Im Sommer 2001, als sich die Taliban bemühten, den Opiumanbau zu unterbinden, informierte das Außenministerium Journalisten, es bestünden Aussichten auf eine Annäherung zwischen dem Taliban-Regime und den USA: über Zaeef drängte man das Regime, bin Laden auszuweisen. Wenige Tage vor seiner Verhaftung in Pakistan im März 2002 erklärte Zaeef gegenüber Journalisten, er habe »in Islamabad [s]eine Pflicht als Diplomat getan« und habe mit Terrorismus nichts zu tun. »Wenn man mich verdächtigt, bin ich aber bereit, mich öffentlich vor Gericht zu verantworten«, versicherte er. Ein öffentliches Gericht freilich hatte Gitmo wie so vieles andere nicht zu bieten.

Wie in Afghanistan sind die meisten Dolmetscher in Gitmo Zivilisten, die auf der Basis kurzfristiger Anstellungsverträge arbeiten. Und wie in Afghanistan äußerten Fachleute des Geheimdienstes, unter ihnen Lieutenant Colonel Christino, massive Bedenken hinsichtlich der Zuverlässigkeit ihrer Arbeit. Einer der Kritiker, der fließend Arabisch spricht, meinte, ihre Allgegenwart in den Verhören mit Gefangenen, die kein Englisch können, durchkreuze jede nachrichtendienstliche Bedeutung Gitmos und habe nur einen einzigen Grund – »den sagenhaften Mangel an qualifizierten Arabisten«. Die meisten der in Gitmo beschäftigten Dolmetscher habe man »notgedrungen in Dienst genommen, ohne sorgfältige Überprüfung«. Milton Bearden fügte hinzu: »Sich bei anderen Menschen Informationen zu verschaffen ist auch so schon schwierig genug. Während meiner 30 Jahre bei der CIA habe ich vielleicht ganze vier oder fünf wirklich gute Befrager getroffen – ich meine Leute, die sich wirklich darauf verstehen, aus kooperationswilligen Menschen Informationen herauszuholen. Die Befragung von Leuten, die sich sperren und feindselig sind, ist selbstredend weitaus schwieriger. Und ich sage Ihnen, wenn Sie Dolmetscher benutzen, funktioniert das einfach nicht.«

Nachdem der frühere muslimische Geistliche James Yee von allen Vorwürfen, die Geheimhaltung verletzt zu haben, entlastet ist, stehen heute, im Juni 2004, noch zwei Männer ernsthaft im Verdacht, Informationen aus Gitmo in den Nahen Osten übermittelt zu haben. Beide arbeiteten als Dolmetscher, und keiner von beiden war offenbar hinlänglich dafür ausgebildet, in der vordersten Linie des Kampfes gegen Al Qaida zu stehen. Der erste Mann, der verhaftet wurde, der 23-jährige Ahmad al-Halabi, dessen Familie aus Syrien nach Dearborn, Michigan, in ein weitgehend von Arabern bewohntes Viertel zog, als er noch im Schulalter war, arbeitete als Angestellter in der Versorgungsabteilung des Luftwaffenstützpunkts Travis in Kalifornien, als man ihn nach Gitmo schickte, und hatte weder einen Abschluss noch überhaupt eine Ausbildung als Dolmetscher. Er bekam den Job nur, weil er von Haus aus Arabisch sprach. Anders als die Wachen oder Vernehmungsoffiziere, die als Teil einer militärischen Einheit zusammen mit Kameraden nach Camp Delta versetzt wurden, kannte al-Halabi niemanden und fühlte sich, wie seine Familie der *Detroit Free Press* berichtete, isoliert. Seine Einsamkeit – und vielleicht auch seine Anfälligkeit – verstärkte sich, als sein ursprünglich dreimonatiger Einsatz zwei Mal verlängert wurde und ihn zwang, seine schon lange geplante Hochzeit zu verschieben. Was den zweiten der Spionage verdächtigten Mann, den ägyptisch-amerikanischen Ahmed Fathy Mehalba, angeht, so hatte er bereits eine gescheiterte Karriere beim Militär hinter sich. Als gemeiner Soldat hatte er die Dolmetscherschule in Fort Huachuca, Arizona, besucht, war dort aber wegen Übergewicht ausgemustert worden. Als Angestellter der Titan Corporation in San Diego fand er sich nach Gitmo verschlagen.

Lieutenant Colonel Christino, der mehr als zwei Jahre lang auf dem Balkan die Aufsicht über das Dolmetscher- und Übersetzerpersonal führte, das die Streitkräfte unter Vertrag hatten, bezweifelte, dass Titan oder irgendeine andere Privatfirma »der Aufgabe gewachsen sind, Sprachkundige zu liefern, die gut genug sind, um bei den Verhören in Guantánamo eine Hilfe zu sein«. Es reiche bei weitem nicht aus, »in Amerika Leute ausfindig zu machen, die dank ihrer Herkunft Arabisch als Muttersprache sprechen und auf Basis einer befristeten Unbedenklichkeitsbescheinigung arbeiten. Leider ist genau das der Auftrag, den die Armee der USA Titan erteilt hat. Keine Firma, die ich kenne, verfügt über einen großen Fundus ausgebildeter und für unbedenklich erklärter Sprachkundiger, die gewohnt sind, auf Honorarbasis mit Vernehmungsbeamten zusammenzuarbeiten.«

Anfang 2003 nahmen bei einer Gruppe von Geheimdienstoffizieren im Pentagon die Bedenken wegen der Dolmetscher in Gitmo so sehr zu, dass sie ihren zivilen Dienstherren in einem Memorandum den Vorschlag machten, die Verhöre auf Band aufzunehmen und stichprobenartigen Überprüfungen zu unterziehen. Das wurde abgewiesen.

»Ein paar nützliche Informationen hat Gitmo geliefert«, erklärte ein hochrangiger Analyst aus dem Pentagon. »Aber im Verhältnis zu dem, was es kostet, mehr als 600 Leute gefangen zu halten, wirkt das Ergebnis bescheiden.« Christino wurde deutlicher. »Die meisten der Informationen, die wir aus Verhören in Guantánamo gewonnen haben, sind augenscheinlich sehr allgemeiner Natur; so allgemein, dass sie von geringem Nutzen sind«, erklärte er. »Wie viel bringt es, wenn man weiß, dass während eines Kurses über selbst gebastelte Sprengkörper in einem Lager in Afghanistan auch die Bombardierung von Wohnhauskomplexen oder Einkaufszentren in Amerika diskutiert wurde? In Russland sprengen tschetschenische Terroristen seit Jahren Wohnhauskomplexe in die Luft, und jeder mit der amerikanischen Konsumgesellschaft auch nur entfernt Vertraute kann sich denken, dass Einkaufszentren ein gutes Ziel darstellen.«

Ich bat ihn, mir zu sagen, was er von den kühnen Behauptungen hielt, die Rumsfeld in seiner Rede in Miami aufgestellt hatte – dass die Verhöre in Gitmo detaillierte Informationen über die Organisationsstruktur, die Waffen und die weiteren Pläne der Terroristen erbracht hätten. »Merken Sie, wie gut die Behauptungen des Ministers zu dem passen, was wir eben über die allgemeine Natur der meisten Informationen gesagt haben?«, erklärte er. »Es ist durchaus denkbar, dass ein Häftling während seines Verhörs berichtet, wie ein Ausbilder in einem Schulungslager in Afghanistan die Möglichkeit erörterte, durch Fernzündung eine Bombe in einem belebten Einkaufszentrum zur Explosion zu bringen. Nach Aussage des Häftlings erklärte der Ausbilder, ein Zweimannteam, von Sympathisanten in einer Großstadtwohnung untergebracht, könne das leicht schaffen, mit Hilfe eines selbst gebastelten Sprengkörpers, für den sich die Materialien ohne weiteres im Einzelhandel beschaffen ließen. Der Ausbilder mag sogar geschildert haben, welche Art von Wohnung in welcher Art von Nachbarschaft am geeignetsten ist und wie man die Baumaterialien durch den Kauf kleiner Mengen in Geschäften überall in der Stadt zusammentragen kann, ohne Verdacht zu erregen. Vielleicht schildert der Häftling dann im Detail, wie man eine ferngezündete Bombe baut und zur Explosion bringt. Werden so nicht Einzelheiten über terroristische Organisationsstrukturen, Waffen und Pläne aufgedeckt? ›Worauf Sie wetten können!‹, wie Rumsfeld sagen würde. Sind das ›ungeheuer wertvolle Informationen‹? Nein; sie sagen nichts über die Städte, in denen die Sympathisanten leben, oder über den Zeitrahmen der Operation; sie sind von geringem Nutzen.«

Christino wies darauf hin, dass Mohamed Atta, die Hauptfigur im Zusammenhang mit den Angriffen vom 11. September, »der typische Fall eines hochraffinierten terroristischen Agenten war, der ein äußerlich gemütliches Leben in Deutschland und den USA führte«. Er bezweifle, dass in Guantánamo jemals viele solcher Agenten in Haft saßen. »Die meisten Häftlinge sind wahrscheinlich von anderer Art. Vermutlich handelt es sich bei ihnen um schlichte islamistische Eiferer, die sich freiwillig zur Verfügung gestellt haben, um das Taliban-Regime und möglicherweise auch die Al-Qaida-Organisation bin Ladens gegen den amerikanischen Angriff auf Afghanistan zu verteidigen.«

Die Zeit von April bis September 2003, in der Christino als ranghoher Wachoffizier im Gemeinsamen Einsatzkommando der Geheimdienste zur Bekämpfung des Terrorismus mitwirkte, war eben die Periode, in der laut General Miller der nachrichtendienstliche Ertrag, den Gitmo abwarf, am üppigsten ausfiel. »In diesen sechs Monaten ist mir nichts vor Augen gekommen, was auf eine dramatisch verbesserte Qualität der aus Guantánamo kommenden Informationen hingedeutet hätte. Was mir auffiel, war, dass man mit Gewalt versuchte, die Menge der gelieferten Infor-

142

mationen zu steigern und ihre Zusammenstellung zu verbessern.« Ich befragte einen anderen erfahrenen Spezialagenten, der früher für das FBI tätig war und heute bei der Untersuchung weltweiter terroristischer Finanzierungssysteme mitwirkt. »Von irgendwelchen wichtigen Informationen in meinem Bereich, die aus Gitmo gekommen wären, ist mir nichts bekannt«, sagte er. »Das heißt nicht, dass da gar nichts war. Aber eine wichtige Quelle bildete Gitmo mit Sicherheit nicht.«

Befürworter von Gitmo, die nicht namentlich genannt werden wollten, machten in Gesprächen mit Journalisten geltend, die Einrichtung habe dazu gedient, im Krieg gegen den Terror zwei wesentliche Siege zu erringen: Es sei ein Plan vereitelt worden, kleine, mit Sprengstoff beladene Boote gegen den Schiffsverkehr in der Straße von Gibraltar zum Einsatz zu bringen, und eine terroristische Zelle in Mailand sei zerschlagen worden. Gegenüber der *New York Times* haben Beamte im Juni 2004 diese Behauptung in Zweifel gezogen. Was die sich auf Marokko beziehenden Informationen aus Gitmo betraf, so hätten sich die eventuellen Angriffe mit den Booten »im frühesten Planungsstadium« befunden; einem Beamten zufolge handelte es sich erst um eine »Idee«. Was die Sprengung der »logistischen Zelle« in Italien angehe, so hätten die Vernehmungsoffiziere in Gitmo nur Informationen aus anderen Quellen zu bestätigen geholfen; das Verdienst daran Gitmo zuzuschreiben, sei nicht richtig.

Ehrlicher als sein Vorgänger Geoffrey Miller, räumte der neue Lagerkommandant Brigadier General Jay W. Hood ein, man habe hinsichtlich der Informationen aus Guantánamo möglicherweise »zu hoch gesteckte« Erwartungen gehegt.

Die Kritik, die der Fachmann Lieutenant Colonel Christino an den nachrichtendienstlichen Bemühungen in Guantánamo übt, bezieht sich auch auf das von General Miller eingeführte Befragungssystem. Seiner Ansicht nach mussten die Anreize, die Miller schuf, zusammen mit der Aussicht einer zeitlich unbegrenzten Haft zwangsläufig der Verlässlichkeit der durch die Verhöre gewonnenen Information abträglich sein. »Wenn ein Häftling keine Hoffnung auf Freilassung hat, wird er wahrscheinlich alles tun, um seine Lebensumstände zu verbessern. Viele Häftlinge hatten bereits ein Jahr oder mehr in strenger Haft und unter härtesten Haftbedingungen zugebracht. Wenn sie dann im Austausch gegen Informationen größeren Komfort, Sondervergünstigungen und am Ende gar die Verlegung in Camp Vier versprochen bekamen, hatte das höchstwahrscheinlich zur Folge, dass sie dir erzählten, was du hören wolltest. Ein System von Anreizen kann hilfreich sein, um das Verhalten der Häftlinge zu beeinflussen, aber verlässliche Informationen zeitigt es selten.«

Natürlich verfügen die blutjungen Vernehmungsoffiziere in Gitmo auch über eine Palette von Mechanismen der Zwangsausübung, deren Durchschlagskraft sie vielleicht gar nicht richtig einschätzen können. Wie der Fall der drei Männer aus Tipton, Ruhal Ahmed, Asif Iqbal und Shafiq Rasul, deutlich macht, ist die Gefahr, dass falsche Geständnisse und andere frei erfundene Aussagen zustande kommen, höchst real.

Nachdem ihre Situation bis dahin auf dem Wege der Besserung schien, nahm sie im Juni 2003 eine entschieden ungute Wendung. Die vorangegangenen beiden Wochen hatte Rasul in den vergleichsweise bequemen Verhältnissen von Camp Vier verbracht, der Sektion mit den geringsten Sicherheitsvorkehrungen, wo man den Gefangenen großzügig erlaubte, Gruppen zu bilden, um Fußball und Volleyball zu spielen. Jetzt aber teilten ihm seine Vernehmungsoffiziere mit, der amerikanische Geheimdienst habe eine Videoaufnahme von einem Treffen zwischen Osama bin Laden und Mohamed Atta, dem Anführer der Kidnapper vom 11. September, in seinen Besitz gebracht. Hinter bin Laden sehe man drei nicht identifizierte Männer, und jemand habe behauptet, es handele sich um niemand sonst als um Iqbal, Rasul und Ahmed.

Alle drei wanderten in Einzelhaft in den Isolationsblock von Camp Delta, wo die Wände aus Metallplatten statt aus Maschendraht bestehen und die Häftlinge mit niemandem außer mit den Personen, die sie verhören, in Berührung kommen. Drei Monate lang mussten sie das aushalten, während die Vernehmungsoffiziere mit neu entfachter Aggressivität über sie herfielen. »Die Wände waren rostig und wirkten schalldicht«, erzählte Rasul. »Ventilation gab es keine; es war wie in einem Backofen. Ein Vernehmungsoffizier erklärte mir, jeder in Afghanistan sei verantwortlich für die Morde vom 11. September, sogar die bei den amerikanischen Bombardements getöteten Frauen und Kinder. Meine Lage aber sei viel schlimmer, sagten sie, weil bei dem Treffen auf diesem Video der 11. September geplant worden sei, und jede Menge Leute hätten ihm versichert, der Typ mit Bart hinter bin Laden sei ich. Ich erklärte ihnen, im Jahr 2000 sei ich gar nicht außer Landes gewesen; ich hätte in der Filiale von Currys [einer britischen Elektronik-Kette] in Wednesbury gearbeitet, die meine Arbeitspapiere haben müssten, und hätte außerdem die Universität von Mittelengland besucht. Die Papiere könnten falsch sein, erklärten sie – ich hätte vielleicht einen Arbeitskollegen bei Currys gehabt, der die Unterlagen in der Firma fälschte, während ich mit einem falschen Pass unterwegs war.«

Als die Isolation kein Ende nahm und die Vernehmungsoffiziere die ganze Breitseite ihrer Techniken abfeuerten, brach Rasul schließlich zusammen. An einer abschließenden Vernehmung nahm ein hochrangiger weiblicher Offizier aus Washington teil: »Mein Herz klopft wie rasend, ich sage, das bin ich nicht, aber dabei denke ich, ›sie werden mich fertig machen, ich bin auf einer Insel im Nirgendwo, ich kann nichts machen‹. Diese Frau war extra gekommen, und sie spielt mir das Video vor. Ich sage: ›Sind Sie blind? Das sieht mir nicht im Geringsten ähnlich.‹ Aber es spielt keine Rolle. Ich war an dem Punkt angelangt, wo ich einfach nicht mehr konnte. ›Tun Sie, was Sie tun müssen‹, sagte ich zu ihnen. Ich hatte drei Monate lang in Isolationshaft gesessen, also sagte ich: ›Ja, das bin ich. Los, stellen Sie mich vor Gericht.‹«

Etwa um die gleiche Zeit legten Ahmed und Iqbal ähnliche Geständnisse ab. Die drei Männer aus Tipton hatten aber Glück. Irgendwann im September 2003 kamen britische Beamte vom MI 5 nach Guantánamo, mit Unterlagen bewaffnet, die bewiesen, dass sie im Jahr 2000 gar nicht in Afghanistan gewesen sein konnten. Nach wenigen Tagen steckten sie schon wieder in den normalen Käfigen und erhielten Sondervergünstigungen, einschließlich einer wöchentlichen Kinovorführung in einem Gebäude, das sie »Liebesschuppen« nannten, und Hamburgern vom Gitmo-McDonald's; ein paar Wochen später begann die amerikanische Regierung mit der britischen Seite über die Entlassung der Männer Gespräche zu führen. »Wir konnten am Ende unsere Alibis nachweisen«, sagte Rasul. »Aber was ist mit den anderen, vor allem wenn sie aus Ländern kommen, in denen es vielleicht keine Reiseunterlagen gibt? Was, wenn sie etwas gestehen, was sie nicht getan haben, und nicht nachweisen können, dass es gar nicht stimmt?«

Das Schicksal von Moazzem Begg, einem der britischen Häftlinge, die im März 2004 nicht freikamen, eignet sich gut als Illustration. Vernehmungsoffiziere hatten die amerikanische Presse wissen lassen, dass er, nachdem er im afghanischen Bagram ein Jahr lang verhört worden war, seinen Plan gestanden hatte, mittels einer Drohne, eines unbemannten Kleinflugzeugs, das britische Unterhaus mit Milzbranderregern zu bombardieren. Zielgenaue Drohnen zählen zu den neuesten Errungenschaften des amerikanischen Waffenarsenals und kosten pro Stück Millionen von Dollar. In den frühen Berichten über seinen Fall nahm niemand an der Absurdität des Geständnisses – Begg hatte seinen tödlichen Flug angeblich von Suffolk aus starten wollen – Anstoß. In einem Brief an seine Familie erklärte er, während der ganzen Zeit in Bagram weder Sonne, Himmel noch Sterne zu Gesicht bekommen zu haben; die Verhörmethoden waren dort noch um etliches härter als in Gitmo. Der Verdacht drängt sich auf, dass dieser »Drohnen-Plan« ein schierer Verzweiflung entspringendes Hirngespinst war. Ich wollte von einem hochrangigen Analysten im Pentagon, der mit dem Fall vertraut war, wissen, wie stark die Beweise gegen Moazzem Begg von seinen Geständnissen abhingen. »Ziemlich stark«, antwortete er.

Beggs Verteidiger, die Londoner Anwältin Gareth Peirce, hatte bereits früher Leute vertreten, die des Terrorismus angeklagt waren: Es handelte sich um drei der abscheulichsten terroristischen Aktionen der Irisch-Republikanischen Armee, um die Bombenattentate auf Gaststätten in Guildford und Birmingham, bei denen im Herbst 1974 insgesamt 30 Zivilisten ums Leben kamen, und das Attentat auf einen Bus auf der Autobahn M62, bei dem 10 Menschen starben. (In einem Film über den Guildford-Fall mit dem Titel *Im Namen des Vaters* wird Peirce von Emma Thompson gespielt.) In allen drei Fällen legten die Verdächtigen gegenüber der Polizei Geständnisse ab und wurden zu lebenslänglicher Haft verurteilt, wobei die Richter sie in den Prozessen als Verkörperung des Bösen anprangerten. In allen drei Fällen tauchten mehr als fünfzehn Jahre später schlüssige Beweise für ihre Unschuld auf, und sie wurden vom Berufungsgericht freigesprochen, während ihr Leben unwiederbringlich zerstört war. Und dabei waren alle drei, als sie ihre Geständnisse ablegten, nicht entfernt so lange in Haft wie die Insassen von Gitmo – unter dem Gesetz zum Schutz gegen den Terror, das damals in England in Kraft war, durften Verdächtige nicht länger als sieben Tage verhört werden. Die sechs Männer, die für das Attentat in Birmingham verurteilt wurden, hatte die Polizei zwar massiv verprügelt, aber die vier Angeklagten des Guildford-Falles und die als »Bus-Bomberin« fälschlich verurteilte Judith Ward wurden nur psychologischem Druck ausgesetzt.

Tom Williamson, früher Leiter einer Mordkommission bei der Londoner Polizei und später stellvertretender Polizeichef in Nottinghamshire, ist heute Mitarbeiter am Forschungszentrum für Kriminologische Untersuchungen und Geheimdienstaktivitäten an der Universität Portsmouth – einem der wenigen Orte in der Welt, wo die Kunst des Verhörs ernsthaft wissenschaftlich untersucht wird. Williamson ist außerdem promovierter Psychologe. »All unsere Forschungen zu Polizeibefragungen haben ergeben, dass der sicherste Weg zu einem sachgerechten Geständnis in der Beschaffung anderer, zuverlässiger Beweise besteht und nicht darin, einen Verdächtigen unter Druck zu setzen«, erklärte er mir. »Wenn man den Druck erhöht, bekommt man natürlich mehr Geständnisse, aber der Preis ist eine sehr hohe Irrtumsquote – sprich, falsche Geständnisse. Aus meiner Sicht sind massive Verhöre und Folterungen keine sehr wirksamen antiterroristischen Strategien.« Die großen Erfolge der Briten in den späteren Stadien ihres Kampfes gegen die IRA seien dem erfolgreichen Abhören der Kommunikation der Terroristen und der Einschleusung von Geheimagenten in terroristische Zellen geschuldet gewesen, meinte er: »Verhöre in der Haft sind kein Ersatz für diese Art von wirksamen Ermittlungen.«

Aber warum legten die Häftlinge falsche Geständnisse ab? »Die meisten Menschen«, sagte Williamson, »kippen nicht erst um, wenn sie an Elektroden gehängt werden. Der

148

Zusammenbruch kommt viel, viel früher. Verzweifelte Menschen gestehen Dinge, die sie nicht getan haben, obwohl sie wissen, dass sie sich dadurch noch tiefer reinreiten. Man ist sich gemeinhin nicht darüber im Klaren, wie anfällig viele Verdächtige sind. Das ist der Grund, warum Leute, die verhört werden, einen Anwalt brauchen – er muss sie daran hindern, belastende Dinge auszusagen, die vielleicht gar nicht stimmen, die ihnen aber in der Not, in der sie sich befinden, zufällig plausibel erscheinen.«

In der Stellungnahme, die er in dem berühmten Fall *Miranda gegen Arizona* vor dem Obersten Gerichtshof der USA abgab, vertrat Bundesrichter Earl Warren die gleiche Ansicht: »Es sind nicht nur die unterdurchschnittlich Intelligenten oder bedauernswert Einfältigen, die zusammenbrechen, wenn der Vernehmungsbeamte sie bedroht und implizit zu verstehen gibt oder offen erklärt, dass er das Verhör so lange fortsetzen wird, bis er ein Geständnis hat.«

Vielleicht die weltweit führende Kapazität hinsichtlich falscher Geständnisse ist Professor Gislo Gudjonsson vom Institut für Psychiatrie in London, Autor mehrerer Werke zu dem Thema, der im Laufe der Jahre mit Dutzenden von Fällen als gutachterlicher Zeuge befasst war. Nach langjährigen Forschungen, die er in seinem 2003 erschienenen Buch *The Psychology of Interrogations and Confessions* zusammengefasst hat, ist er zu dem Ergebnis gelangt, dass manche Persönlichkeitstypen anfälliger dafür sind, falsche Geständnisse abzulegen als andere und dass die Gefahr, falsche Aussagen zu provozieren, umso größer wird, je mehr Techniken man einsetzt, um »den Willen des Betreffenden zu brechen«. Selbst die »normalen« psychologischen Methoden, die von der amerikanischen Polizei routinemäßig angewandt werden und im Feldhandbuch 34–52 der militärischen Nachrichtendienste niedergelegt sind, wie etwa die Techniken des »guter Bulle, böser Bulle« oder des »wir wissen alles«, bergen ein großes Risiko. Verknüpft man sie mit härteren Techniken wie etwa Schlafentzug, Isolation, Kälte oder Fesselung in »Stresspositionen«, steigert das die Gefahren massiv. Am Beispiel der Amerikaner, die im Koreakrieg vom kommunistischen Norden gefangen genommen wurden und von denen Hunderte Geständnisse ablegten und »Verbrechen« sühnen wollten, die sie gar nicht begangen hatten, demonstriert Gudjonsson, wie »menschliche Anfälligkeiten und Schwächen ausgenutzt wurden, auf die sich Erschöpfung, Schlafentzug, unzureichende oder unausgewogene Ernährung, Ungewissheit, Schmerzen und allgemeines körperliches Unbehagen verstärkend auswirkten«. Eines der wirksamsten Instrumente, fügte er hinzu, bestehe darin, »Menschen in eine Situation zu bringen, aus der es keinen Ausweg gebe«, wo dann eine Mischung aus seelischem und körperlichem Stress »zu einem Zustand der Verwirrung führt, sodass der Gefangene nicht mehr unterscheiden kann, was wahr und was unwahr ist«.

Ich fragte Gudjonsson nach Gitmo. Er führte aus: »Je länger Menschen in Haft sind, je härter die Haftbedingungen sind und je schlimmer der Mangel an Rückhalt ist, umso größer die Gefahr, dass den Aussagen nicht zu trauen ist. Mir ist im Laufe der Jahre immer wieder aufgefallen, wie überzeugt Polizeioffiziere und Staatsanwälte davon sind, dass sie den Leuten die Schuld von der Nase ablesen können. Manchmal werde ich aufgefordert, mir solche Fälle anzuschauen. Es liegt ein Geständnis vor, manchmal sogar auf Videoband, aber ich bin weniger überzeugt davon, dass es stimmt. Und dann, plötzlich, beweist eine DNS-Probe, dass sie völlig unschuldig sind. Allgemein wird angenommen, dass man den Richtigen hat, wenn man ein Geständnis hat. Das erste, was ein Vernehmungsbeamter zur Kenntnis nehmen muss, ist die Tatsache, dass man von einem anfälligen Menschen durchaus ein falsches Geständnis erpressen kann, und das ist viel leichter, als manch einer glaubt.«

Aus der Geschichte kennen wir natürlich viele Beispiele falscher Geständnisse, die aufgrund einer Behandlung zustande kamen, die weit hinter den extremen Maßnahmen zurückbleibt, die das Justizministerium im Auge hat, das in seinem Memorandum von 2002 nur dann von Folter sprechen will, wenn die zugefügten Schmerzen »an Intensität den Schmerzen bei ernsthaften körperlichen Beeinträchtigungen wie Organversagen, Schädigung von Körperfunktionen oder gar Tod« gleichkommen. Keiner der Unschuldigen, die nach Stalins Schauprozessen hingerichtet wurden, erklärte sich für nicht schuldig; alle legten Geständnisse ab. Zwischen 1935 und 1939 wurden laut Gudjonsson zwischen fünf und zehn Prozent der gesamten sowjetischen Bevölkerung verhaftet. »Geständnisse wurden erpresst, um diese Verhaftungen zu rechtfertigen und die Öffentlichkeit von der Schuld der Betreffenden zu überzeugen ... Die Verhöre fanden normalerweise nachts statt und schlossen Prügel, extensiven Schlafentzug, Isolation, körperliches Unwohlsein, Drohungen und Einschüchterungen ein.« Viele kamen später in den Gulags um; nur wenige, wenn überhaupt welche, starben, während sie den Vernehmungsbeamten die Antworten lieferten, die sie dorthin brachten.

In seinem am Anfang dieses Kapitels zitierten Buch schreibt Sir Keith Thomas, trotz der Tausende, die bei den großen Hexenverfolgungen in Europa auf dem Scheiterhaufen starben, sei »die rituelle Teufelsanbetung wahrscheinlich ein Märchen« gewesen, dessen einzige Grundlage Scheingeständnisse bildeten. Matthew Hopkins, der im England des siebzehnten Jahrhunderts grandios erfolgreiche Oberste Hexenjäger, arbeitete hauptsächlich mit Schlaf- und Nahrungsentzug: »Nicht von ungefähr war er erfolgreicher als jeder andere bei der Erpressung von Geständnissen über Teufelsanbetung.« Wie die frustrierten Vernehmungsoffiziere in Gitmo, die General Miller baten, sich um eine Erweiterung ihres offiziellen Repertoires an

Techniken zur »Brechung von Widerstand« zu bemühen, war auch Hopkins' Dienstherr Jakob I. überzeugt davon, dass härtere Methoden nötig waren, um aus denen, die am meisten zu verbergen hatten, Geständnisse herauszupressen. »Gar unwillig sind sie, ohne Folter zu gestehen«, schrieb er in seiner *Daemonologie*. »Dies allein bezeuget ihre Schuld.«

Niemand von uns kann im Kopf anderer lesen. Wenn ein Gefangener in Gitmo nach monatelanger Befragung einräumt, mit Mohamed Atta und Osama bin Laden einmal zusammengekommen zu sein, und wenn eindeutige Beweise fehlen, besteht der einzige Weg, zu entscheiden, ob er die Wahrheit sagt, in der Methode, die Nachrichtenexperten als »Analyse« bezeichnen: das heißt, in der Überprüfung des Inhalts der Aussage mit Hilfe von Datenbanken und allem, was sonst noch bekannt ist. Jedem »Tigerteam« in Gitmo gehört ein Analyst an, und der Leser wird nicht überrascht sein zu hören, dass Major General Miller ein besonders wortreiches Loblied auf ihre Fähigkeiten anstimmte. »Falsche Geständnisse und sonstige Aussagen können unter ganz ausgefallenen Umständen vorkommen«, sagte er. »Aber ich glaube, wir verstehen uns auf die Wahrheit. Manche Häftlinge sind, um es deutlich zu sagen, nicht ehrlich, und ich bin mir der Gefahr, falsche Geschichten aufgetischt zu bekommen, sehr bewusst. Aber unsere Tigerteams verbringen Monate damit, Sie und Ihr Herkunftsmilieu zu durchleuchten ... Sie durchleuchten nicht nur das Wie, sondern auch das Warum des Terrorismus. Sie können die Wahrheit jeder Aussage mit einem hohen Grad von Zuverlässigkeit beurteilen.«

Umso verwunderlicher, könnte man meinen, dass ihnen die Unwahrheit des Geständnisses von Shafiq Rasul entging und sie ihn stattdessen beschuldigten, seine Arbeitspapiere gefälscht zu haben, die bewiesen, dass er im Jahr 2000 in der Stadt Wednesbury Stereoanlagen und Fernsehapparate verkauft hatte, statt mit Osama bin Laden in Afghanistan zusammenzukommen.

Auch hier gelang es Lieutenant Colonel Christino, die Sache ins rechte Licht zu rücken: »Unsere analytische Kapazität reicht nicht aus, weder in Guantánamo noch anderswo, weil es nur sehr wenig Leute gibt, die hinlänglich geschult und erfahren sind, um bei Informationen die Spreu vom Weizen zu trennen.« Der Zugang zu Datenbanken sei schön und gut, meinte er. Diese enthielten aber bereits eine Menge unzuverlässiger Informationen, was ihre Brauchbarkeit massiv einschränkte. Und wie in Afghanistan gebe es einen starken Hang zur Leichtgläubigkeit: »Die Vernehmungsoffiziere und Analysten wollen etwas vorzeigen können, und also möchten sie gern glauben, dass es sich bei den Häftlingen um gefährliche Terroristen handelt. Ich denke, es fällt unseren Leuten sehr schwer zu akzeptieren, dass viele der Häftlinge vielleicht einfach islamgläubige Guerillakämpfer in dem jahrzehntelangen Konflikt um Afghanistan waren. Wahrscheinlich ist es noch sehr viel schwerer für sie zu akzeptieren, dass jemand, der nach Guantánamo geschickt wurde, vielleicht in keiner von bösem Willen geprägten Beziehung sei's zur Al Qaida, sei's zum Talibanregime steht.« Milton Bearden machte etwas Ähnliches geltend. Die Verhöre in Gitmo, meinte er, waren »ideologisch motiviert – durch das Bedürfnis, die Verhaftungen selbst zu rechtfertigen – und nicht bestimmt durch den rationalen Einsatz der Mittel, die nach der Erfahrung der Geheimdienste am geeignetsten sind, aus Leuten Informationen herauszuholen.« Miller und Rumsfeld behaupteten, alle Häftlinge in Gitmo seien Terroristen oder unterstützten den Terrorismus. Zu den wichtigsten Aufgaben der Vernehmungsoffiziere gehörte es, »Beweise« für die Richtigkeit dieser Behauptung herbeizuschaffen.

Überall in der zivilisierten Welt haben sich Richter und Gesetzgeber im Bewusstsein der Schwierigkeit, wahre Aussagen von falschen zu unterscheiden, bemüht, ein Kriterium dafür zu finden, ob man die Aussagen eines Gefangenen gelten lassen kann oder nicht – das Kriterium, ob sie aus freien Stücken, ohne Zwang gemacht wurden. Für die Richter des Obersten Bundesgerichts der USA war dies der zentrale Punkt im Verfahren *Miranda gegen Arizona*. »Das Gericht hat anerkannt, dass Zwang ebenso gut auf geistigem wie auf körperlichem Wege ausgeübt werden kann und dass es nicht das einzige Erkennungszeichen einer verfassungswidrigen Nachforschung ist, wenn beim Angeklagten Blut fließt«, schrieb der Oberste Bundesrichter Earl Warren. Die polizeilichen Vernehmungsbeamten seien darin geschult, Taktiken zu verwenden, »die den Betreffenden in einen seelischen Zustand versetzen sollen, wo das, was er erzählt, nur eine Ausführung dessen ist, was die Polizei bereits zu wissen vorgibt – dass er schuldig ist. Gegenteilige Erklärungen werden als unwichtig abgetan, oder man will davon nichts wissen. Es liegt auf der Hand, dass solch eine Vernehmungssituation einzig und allein zu dem Zweck geschaffen wird, den Betreffenden dem Willen dessen, der ihn verhört, gefügig zu machen.«

Man könnte meinen, er spreche über die Kabinen in Gitmo, auch wenn dort Dauer und Intensität des ausgeübten Drucks vielfach größer sind. Warren zufolge zählen der fünfte Zusatzartikel zur amerikanischen Verfassung und der Schutz, den er Häftlingen dagegen bietet, dass sie sich selbst belasten, zu den »wertvollsten Grundsätzen der Nation«. Ehe Ende Juni 2004 das Oberste Bundesgericht entschied, dass die Häftlinge in Gitmo unter dem Schutz der Verfassung der USA stehen und vor amerikanischen Gerichten ihr Recht einklagen können, machte man sich natürlich über die Frage der Freiwilligkeit ihrer Geständnisse kaum Gedanken, und schon gar nicht im Pentagon. Die oben zitierten, zahlreichen Memoranden, in denen die Regierung ihre politische Marschrichtung festlegte, stellen ausdrücklich fest, dass der fünfte Zusatzartikel auf Guantánamo keine Anwendung finde.

Auf freiwilliger Basis aber waren die Geständnisse zweifellos nicht zustande gekommen. Am 13. Juni 2004 brachte die Agentur Reuters eine Stellungnahme von Colonel Jerry Cannon, dem Chef der Gemeinsamen Wachmannschaft in Gitmo. Er sprach über die Extreme Reaction Force, von der im zweiten Kapitel die Rede war, und von den Videobändern, auf denen ihre Einsätze dokumentiert waren. Fünfundvierzig Prozent [der Verhörten in den 500 Stunden umfassenden Mitschnitten] sind solche, die sich gegen die Verhöre sperren«, erklärte Cannon. »Manchmal muss man sie von Anfang bis Ende mit Gewalt bei der Stange halten.« Er bestritt Behauptungen, manchen der Häftlinge seien dabei Knochen gebrochen worden, bestätigte aber, dass Gefangene mit Pfeffer-Sprühdosen traktiert worden waren. Die Ergebnisse der nach solchen Vorfällen durchgeführten Verhöre dürften, davon kann man getrost ausgehen, den in *Miranda gegen Arizona* aufgestellten Kriterien des Obersten Bundesgerichts schwerlich standhalten.

4 WAS AUS GUANTÁNAMO BAY FOLGT

»Worte verloren ihren üblichen Sinn und mussten die
Bedeutung annehmen, die man ihnen gab.«

Thukydides, *Geschichte des Peloponnesischen Krieges*

»Bei einem Wort wie *Demokratie* gibt es nicht nur keine
allgemein gültige Definition, sondern der Versuch, eine zu
schaffen, stößt auch auf Widerstand von allen Seiten. Wenn
ein Land als demokratisch bezeichnet wird, hält das fast
jedermann für eine Auszeichnung: Die Verfechter aller
möglichen Regime erklären diese deshalb für demokratisch
und fürchten, das Wort nicht mehr in Anspruch nehmen zu
dürfen, wenn es auf eine bestimmte Bedeutung festgelegt
wird.«

George Orwell, *Politics and the English Language*

Für Shafiq Rasul, Asif Iqbal und Ruhal Ahmed kam das
Ende ihrer Zeit in Guantánamo unerwartet und war, wie so
vieles, was sie hatten erdulden müssen, Ergebnis des uner-
forschlichen Ratschlusses ferner Mächte. Mehrere Wochen
später als die internationale Presse erfuhren auch sie, dass
man sie freilassen werde; sie sollten sich für die Abreise fertig machen. »Sie brachten uns in Ketten zum Flughafen«,
erzählte Rasul, »und als wir dort hinkamen, standen rund
um das riesige Flugzeug bewaffnete Soldaten. Während wir
auf die Treppe zugingen, zielten sie mit den Gewehren auf
uns. Der Typ von der Militärpolizei übergibt uns den Briten, nimmt uns die Fesseln ab und sagt den Tommys, sie
können uns jetzt Handschellen anlegen. Aber die britischen
Polizisten sagen: ›Nein, nein, Handschellen sind nicht
nötig.‹ Wir gehen die Treppe rauf, und sie rühren mich nicht

156

einmal an. Zum ersten Mal seit zwei Jahren gehe ich, ohne dass mich zwei Leute gepackt halten. Wir kommen zur Tür, und jemand sagt: »Guten Morgen. Willkommen an Bord.«

Bei ihrer Rückkehr nach London wurden sie im Polizeirevier von Paddington Green verhört. Diesmal aber geschah das in Anwesenheit von Anwälten und ohne dass sie gefesselt waren. Dass dort, wo die Tigerteams von General Miller bereits gescheitert waren, auch die Antiterrorismus-Abteilung von Scotland Yard keine Beweise für Verbindungen zum Terrorismus fand, konnte niemanden überraschen. Sie waren frei – allerdings nicht frei, in ihre Heimat Tipton zurückzukehren, eine Hochburg der rechtsextremen British National Party, wo in den Tagen vor ihrer Rückkehr Puppen in orangenen Overalls an Laternenpfählen baumelten.

Und die falschen Anschuldigungen waren sie auch nicht los. In der Woche nach ihrer Freilassung druckte das Regenbogenblatt *Sun* eine Stellungnahme des Sprechers der amerikanischen Botschaft Lee McClenny ab, in der die Behauptung wiederholt wurde, sie hätten im Jahr 2000 in einem Ausbildungslager der Al Qaida trainiert, obwohl doch von MI 5 nachgewiesen worden war, dass damals keiner von ihnen Großbritannien verlassen hatte. Danach versuchte ich McClenny mehrmals zu erreichen, aber er weigerte sich, ans Telefon zu kommen. Lieutenant Colonel Sumpter, der in Gitmo zuständige Sprecher, erklärte, die Anschuldigungen gegen Häftlinge unterlägen strenger Geheimhaltung, auch nach der Entlassung der Betreffenden: »Ich weiß nicht, wie die Botschaft an diese Information gekommen ist. Von uns kommt sie nicht, und uns war nicht das Geringste darüber bekannt.« Auch das Außenministerium konnte mit McClennys Behauptung nichts anfangen. Für die freigelassenen Häftlinge würde es nicht leicht sein, in die Unauffälligkeit eines häuslichen Alltags zurückzukehren, geschweige denn, wieder eine Anstellung zu finden.

Über zwei Jahre lang hatten die Vereinigten Staaten ihnen

eine verzerrte und weitgehend frei erfundene Version der Wirklichkeit übergestülpt – ohne Rücksicht auf Verluste. Das ist das Erste, was Gitmo bedeutet – die Zerstörung des Lebens von Unschuldigen, während die Angehörigen sich auf unbestimmte Zeit zur Ungewissheit und zum Verlust ihrer Lieben verurteilt finden. In einer Sozialbauwohnung im fünften Stock eines Mietshauses ohne Fahrstuhl in Maida Vale, nicht weit entfernt von dem Polizeirevier, wo Rasul und seine Freunde ihre letzten Stunden in Gefangenschaft verbrachten, kam ich mit Jeanette Belmar zusammen, deren Bruder Richard in Gitmo zurückblieb, als die ersten fünf britischen Häftlinge im März 2004 freikamen. Sie erzählte mir, der im Oktober 1979 zur Welt gekommene Richard habe in der Schule nicht gespurt und Schwierigkeiten gehabt, im Leben zurechtzukommen, bis er im Alter von 16 zum Islam übergetreten sei. »Danach sah ich, dass er sich verändert hatte. Er wirkte ruhiger, gefestigter, war nicht mehr ständig hinter den neuesten Klamotten und Moden her.« Richard Belmar fuhr im Juni 2001 nach Pakistan, um an einer Religionsschule den Koran zu studieren. Er hielt telefonisch Verbindung zu seiner Familie und erklärte nach dem 11. September, er komme zurück. Und dann Schweigen, über ein Jahr lang, bis Mitte Oktober 2002, als sein Vater einen Anruf vom Außenministerium erhielt und erfuhr, dass sich Richard in Guantánamo befand.

»Es ist schwer genug, zur Arbeit zu gehen und sich wie ein normaler Mensch zu verhalten und zu vergessen, was da passiert«, sagte sie. »Aber sobald ich nach Hause komme und durch die Tür trete, ist von kaum etwas anderem die Rede und denken wir fast nur noch daran. Man stellt die Fernsehnachrichten an und sieht Geschichten von Leuten in aller Welt, denen es noch viel schlechter geht als uns. Das ist eine Methode, sich eine positive Einstellung zu bewahren: Ich kenne meinen Bruder und weiß, dass er das von mir erwarten würde. Aber ...«, die Stimme versagte ihr, und ihre Augen füllten sich mit Tränen. »Ich habe nichts gegen Amerikaner. Bitte, glauben Sie das nur nicht. Es ist ihre Regierung.«

Sie zeigte mir einen Brief, den Richard im September 2001 aus Pakistan geschrieben hatte. Darin berichtete er von einem strengen Stundenplan, der mit Beten und Lernen ausgefüllt sei, und abgesehen von der in Pakistan abgestempelten pakistanischen Briefmarke auf dem Umschlag wies nichts auch nur entfernt auf das afghanische Terroristen-Ausbildungslager hin, in dem, einer Aussage amerikanischer Beamter gegenüber dem *Daily Telegraph* zufolge, Belmar gewesen sein soll. Bewegender waren zwei Briefe aus Camp Delta. »Vergiss mich nicht, Jeanette«, schrieb er im Juni 2003. »Ich liebe dich, und ich vermisse dich. Insh-'allah [so Gott will], werden wir uns wieder sehen.« Der zweite Brief trug das Datum 18. September 2003. »Was gibt's Neues, Jeanette«, fing Richard an, offensichtlich bemüht, einen munteren Eindruck zu machen. »Wie geht's dir so. Ich wünschte, ich könnte ›salaam aleikum‹ [sei gegrüßt] zu dir sagen. Ich hoffe, dass ich es insh'allah eines Tages kann.« Der Schluss des Briefs war besorgniserregender; offenbar tendierte er zu Halluzinationen: »Ich habe ein paarmal geträumt, ich würde freigelassen, und andere haben auch Sachen gesehen.« Das war die letzte Nachricht, die die Familie erhalten hatte – neun Monate, bevor ich mich mit Jeanette traf.

War vorstellbar, dass es sich bei Belmar um einen Terroristen handelte, der an Planungen beteiligt war, die (mit Dick Cheneys Worten) auf den Tod Tausender schlichter Amerikaner zielten? Falls ja, hatte er nicht viel Zeit gehabt, um Beziehungen zu knüpfen oder die nötigen Fertigkeiten zu erwerben. Ein paar Wochen nach dem Treffen mit Jeanette sprach ich mit einem altgedienten amerikanischen Offizier, der Belmar nach seiner Verhaftung befragt hatte – in Pakistan wohlgemerkt, nicht auf irgendeinem »Schlachtfeld«. Ihm zufolge war Belmar wie so viele andere einfach nur »aufgegriffen« worden. Er habe sich, erzählte er mir, für Belmars sofortige Freilassung ausgesprochen. Kurz danach sei Belmar nach Guantánamo geflogen worden.

Tränen sind von zahllosen anderen Menschen in vierzig verschiedenen Ländern vergossen worden. Rabiye Kurnaz aus Bremen berichtete mir, dass sie von ihrem damals neunzehnjährigen Sohn Murad, der im Januar 2002 nach Gitmo geschickt wurde, zwei Postkarten erhalten hatte, aber in den mehr als zwei Jahren danach kein einziges Lebenszeichen mehr. »Er war fast noch ein Kind. Wir wissen, dass man schreiben darf, aber er schreibt nicht. Er ist der einzige dort, der Deutsch spricht, und er kann weder Englisch noch Arabisch.

Die Zahl von Kindern, denen man ihren Vater weggenommen hat, dürfte ins Fünfstellige gehen. Vier davon sind die von Moazzam Begg, der das jüngste noch nie gesehen hat; sie werden von seiner Frau Sally in Birmingham großgezogen. »Als ich [nach seiner Gefangennahme] heimkam, bin ich zuerst zusammengebrochen und habe geheult,«erzählte sie dem Lokalblatt *Evening Mail*.»Ich konnte nicht weiter in unserem Haus wohnen, und ich habe immer noch Zusammenbrüche. Als er nach Guantánamo gebracht wurde, hatte ich bereits gehört, dass dort gefoltert wird. Er schrieb, um mir zu sagen, dass er nicht weiß, warum er dort ist, und dass er Hilfe braucht, aber nicht weiß, wo er welche kriegen kann. Ein anderes Mal fing sein Brief mit ›Geliebte Frau und Kinder‹ an. Ich konnte nicht mehr weiterlesen. Er verpasst die Kindheit seiner Kinder. Wir sind allein, und mir bricht das Herz, wenn Marium losrennt, sooft es an der Tür klingelt, weil sie immer glaubt, dass ihr Vater heimkommt – und jedes Mal ist er es nicht. Und wenn sie dann ins Bett muss, weint sie sich in Schlaf. In seinen Briefen hat er immer wieder geschrieben: ›Ich möchte einfach nur nach Hause kommen.‹ Ich möchte, dass er heim kommt, dass er hier, zu Hause, ist. Aber selbst dann werde ich nicht froh sein. Ich weiß, dass er seelisch kaputt sein wird und ich ihn nicht werde verstehen können, weil ich, auch wenn er es mir noch so sehr erklärt, nicht durchgemacht habe, was er durchgemacht hat. Wie kann ich ihm jemals helfen, ihn jemals verstehen?«

Die Qualen der Familien der Gitmo-Häftlinge haben durch den Widerhall, den sie in der ganzen muslimischen Welt finden, die Wut auf die Amerikaner neu entfacht. »Der Typ mit dem Bürstenschnitt, dem Knüppel und dem Kruzifix, der sich über den gefesselten und durch eine Schutzbrille geblendeten Häftling beugt, symbolisiert nicht nur die amerikanische Unterdrückung der Dritten Welt, sondern auch die mit Amerika koalierenden repressiven Regime in der muslimischen Welt selbst«, erklärte mir Dr. Tim Winter, Dozent für Islamwissenschaft am Pembroke College in Cambridge. »Instinktiv empfinden die Menschen Mitleid mit dem Gefangenen hinter seiner Schutzbrille, weil er die Welt so repräsentiert, wie sie in ihren Augen ist.« Winter zufolge, der den Nahen Osten häufig besucht und fließend Arabisch spricht, »passt Guantánamo genau da hinein, mit dem Palästinenserkonflikt als dem organisierenden Zentrum für den Zorn und für politische Aktionen«.

»Das rechtswidrige Verhalten der USA spiegelt die widerwärtige Brutalität der globalen Supermacht wider und ist ein Vermächtnis der Neokonservativen, die im Weißen Haus herrschen«, konnte man letzthin in einem Leitartikel der (politisch gemäßigten) britischen *Muslim News* lesen, in der mehrere lange Artikel über Guantánamo erschienen sind. »Jede Rücksicht auf internationales Recht und auf die Weltordnung wurde über Bord geworfen ... in jedem Teil der Welt laufen Muslime Gefahr, gekidnappt und mit der Aussicht auf eine pauschale Verurteilung nach Guantánamo Bay geschafft zu werden.« Ein leitender Beamter der Defense Intelligence Agency, des militärischen Nachrichtendienstes des US-Verteidigungsministeriums, räumte ein: »Im Blick auf unser Ansehen in der Welt ist das Ganze eine Katastrophe. Wer da nach Gitmo wandert, ist vielleicht ein Bauer, der mit aufgegriffen wurde und kaum etwas getan hat. Am Ende hat er sich zu einem entschlossenen Dschihadisten gewandelt. Und ich schätze mal, dass wir für jeden, den wir festhalten, zehn weitere Terroristen oder Sympathisanten des Terrorismus auf den Plan rufen.«

Auf islamistischen Webseiten und in der arabischen Presse wird Guantánamo wieder und wieder als Rekrutierungsbasis für den Dschihad, als Rechtfertigung für die Schaffung weiterer »Märtyrer« oder Selbstmordattentäter angeführt. Während ich dies schreibe, hat der Terrorismus eine neue Mode entdeckt: die Enthauptung westlicher Geiseln im Irak und in Saudi-Arabien, die auf Videoband aufgenommen wird und in bewusster Imitation der Häftlingskleidung in Gitmo die Opfer in orangefarbener Kleidung zeigt.

Seit Januar 2002 haben Donald Rumsfeld und Präsident Bush immer wieder wortreich die Botschaft jener ersten, schockierenden Fotos bekräftigt: dass es sich bei den Häftlingen um so etwas wie Untermenschen, sprich, um Menschen handelte, die keinen vollen Anspruch auf Zugehörigkeit zur menschlichen Spezies beanspruchen könnten. Für den Militäranwalt Lieutenant Commander Charles Swift, der damit beauftragt war, Ahmed Hamdan, den früheren Fahrer von Osama bin Laden, vor einer Militärkommission in Gitmo gegen die Anklage der Verschwörung zu verteidigen, war die Unangemessenheit jener Klassifizierung mit Händen zu greifen, als er zum ersten Mal die Zelle seines neuen Mandanten betrat: »Ich fand nicht einfach einen Häftling vor, sondern ein menschliches Wesen. Er hatte reizende Kinder und zeigte mir ihre Fotos; und eine Frau, die krank vor Sorge um ihn war. Und er hatte eine Erklärung, die ihn entlastete: Wie das viele Jemeniten taten, ging er 1955 auf Arbeitssuche ins Ausland, weil es im Jemen keine Arbeit gab und er einen Job brauchte. Soweit es ihn betraf, war Osama bin Laden einfach ein reicher Saudi aus einer berühmten Familie, der Fahrer brauchte – außer Salim gab es noch vier weitere. Er betrachtete sich stets als ziviler Angestellter – nie als Mitglied von Al Qaida oder der Taliban.«

Nachdem Hamdan 2004 unter Anklage gestellt worden war, wurde er zusammen mit fünf anderen Häftlingen, denen der Prozess gemacht werden sollte und zu denen der Australier David Hicks und die Briten Moazzam Begg und Feroz Abassi gehörten, in Camp Echo, einer neuen, streng abgeschirmten Einrichtung außerhalb Camp Deltas, in Isolationshaft gesteckt. Den freigelassenen Häftlingen zufolge sind ein paar Männer von dort ins Hauptlager zurückgekehrt und haben von einer Hölle mit weißen, schalldichten Wänden erzählt, wo man in Zellen, die noch kleiner sind als die in Camp David und von denen jede einzelne rund um die Uhr von einem Soldaten bewacht wird, Tag und Nacht isoliert sitzt. Die Zelle verlassen, um sich Bewegung zu verschaffen, durfte Hamdan anfangs ausschließlich nachts.

Im März 2004 reichte Swift vor einem Bundesgericht in Seattle eine Beschwerde gegen die Haftbedingungen Hamdans und gegen wesentliche Aspekte des Verfahrens vor der Militärkommission ein. Der Beschwerde beigelegt war eine eidesstattliche Erklärung des Gerichtspsychiaters Professor Daryl Matthews (siehe Kapitel 2), der im Auftrag des Pentagon die Gefangenen in Gitmo untersucht hatte. Hamdan, schrieb Matthews, sei in Camp Echo in Gefahr, »zugrunde zu gehen«; er leide unter »Frustration, Wut (ohne dass er gewalttätig geworden wäre), Einsamkeit, Depression, Verzweiflung, Angst und emotionalen Ausbrüchen«. Die Treffen mit seinem Mandanten, berichtete Swift Matthews, endeten gewöhnlich damit, dass Hamdan ihn anflehe, nicht wegzugehen. Matthew zufolge »stellen seine derzeitigen Haftbedingungen für Mr. Hamdan eine beträchtliche Gefahr künftiger seelischer Schädigungen dar, wozu auch gehören könnte, dass er unheilbare psychiatrische Symptome ausbildet«. Sie erhöhten außerdem in extremem Maße die Wahrscheinlichkeit falscher Geständnisse.

Es habe noch einen weiteren Grund für Hamdans schlechte seelische Verfassung gegeben, erklärte mir Swift. »Als man ihn unter Anklage stellte, war er zuerst froh, weil das bedeutete, dass es endlich zur Verhandlung kam. Dann erzählte ich ihm, wie das System funktionierte und dass er im besten Falle die Rückkehr ins Camp Delta und nicht etwa die Freilassung erwarten könne. Da brach er in Tränen aus.« Selbst wenn sie für nicht schuldig befunden wurden, blieben die in Gitmo inhaftierten unrechtmäßigen feindlichen Kämpfer, wo sie waren; sie blieben, mit Donald Rumsfelds Worten, »aus dem Verkehr gezogen«. Im Februar 2004 ließen Vertreter des Pentagon Journalisten wissen, es sei durchaus denkbar, dass Häftlinge von der Militärkommission verurteilt würden und nach Abbüßung ihrer Strafe auf unbestimmte Zeit weiter in Haft bleiben müssten, weil sie immer noch als zu gefährlich gälten, um sie freizulassen. Manche, so die Behauptung, »sind unverändert entschlossen, Amerikaner umzubringen, egal, ob Zivilisten oder Soldaten«.

Als die Verfahrensordnung für die Militärkommission 2003 bekannt wurde, löste sie unter Anwälten einen Sturm der Entrüstung aus. Ein besonders geschütztes Vertrauensverhältnis zwischen Anwalt und Klient sollte es demnach nicht geben, weil die Unterhaltungen zwischen dem Angeklagten und seinem Anwalt möglicherweise abgehört wurden. Der offizielle Grund für die Inhaftierung von Häftlingen in Camp Echo, den General Miller in seinem Treffen mit Vertretern des Roten Kreuzes am 9. Oktober 2003 (siehe Kapitel 3) angab, klingt unter diesen Umständen ei-

164

nigermaßen merkwürdig: »Camp Echo ist eine geeignete Einrichtung, um Häftlingen den ungestörten Austausch mit ihren Anwälten zu ermöglichen.« Wie so oft bei Guantánamo gab es auch hier einen geheimen, wirklichen Grund hinter der potemkinschen Fassade. »Wenn man Mr. Hamdan in die Hauptanstalt zurückkehren ließe, würde sich das äußerst schädlich auf das Milieu auswirken, um dessen Herstellung das Militär sich um der Beschaffung kriegswichtiger Informationen willen bemüht«, erklärte der stellvertretende Generalstaatsanwalt Gregory Garre vor dem Gericht in Seattle, bei dem Swift seine Beschwerde eingereicht hatte. Was um alles in der Welt mochte das heißen? Der *Post-Intelligencer* von Seattle wusste zu berichten: »Einer staatlichen Quelle zufolge spielte Garre auf die Besorgnis an, Hamdans Mithäftlinge, von denen keiner einen Anwalt hatte, könnten aufhören, den Vernehmungsoffizieren Rede und Antwort zu stehen, wenn sie erführen, dass er einen Anwalt habe.«

Eine enthüllende Äußerung mit mehreren Bedeutungsebenen: Wenn die Vereinigten Staaten und ihre Verfassung für irgendetwas stehen, dann für den aufklärerischen Anspruch, an die Stelle der absoluten Monarchie eine gesetzliche, rationale, rechtlich haftbar zu machende Regierung treten zu lassen, ein Anspruch, der sich aus Montesquieus Lehre von der Gewaltenteilung und von der Forderung nach einer Trennung zwischen Kirche und Staat ergibt. Die Machtausübung sollte nicht grenzenlos sein dürfen und von den Gerichten überwacht werden können. Hier aber stand ein amerikanischer Staatsrepräsentant und verkündete ohne einen Hauch von Ironie, Gefangene müssten in strenger, zeitlos unbegrenzter Isolationshaft gehalten werden, damit nicht die Mithäftlinge, die man noch mit Gewalt dazu bringen wollte, sich selbst zu belasten, nichts von dem Anwaltsverhältnis mitbekämen. Wie konnte es so weit kommen?

Einerseits war das schlicht eine Folge des Umstands, dass man den Häftlingen in Gitmo gesetzliche Rechte verweigerte und dass die Regierung alle Gefangenen dort, die keine amerikanischen Staatsbürger waren, für rechtlos erklärt hatte. Die Tatsache aber, dass man die Gefangenen in das Schwarze Loch von Guantánamo fallen ließ, bedeutete zugleich, dass man sie in einem umfassenderen Sinn entmenschlichte, ihnen eine Minderwertigkeit zusprach, die sie der Privilegien eines normalen Feindes verlustig gehen ließ, einen Status, der nicht darauf basierte, was sie nachweislich getan hatten, sondern darauf, was und wer sie waren. Bei den meisten Mitgliedern der Bush-Regierung lässt sich diese Haltung nur indirekt erschließen; ein leitender Beamter des Pentagon freilich, der für Guantánamo unmittelbar verantwortlich ist, Lieutenant General William G. Boykin, Staatssekretär für die Nachrichtendienste, brachte sie praktisch offen zum Ausdruck.

Wie General Miller vor seiner Versetzung nach Gitmo verfügte auch Boykin über keine Erfahrungen auf dem Gebiet der nachrichtendienstlichen Arbeit, bevor er seinen Posten übernahm, durch den ihm die persönliche Verantwortung für die Jagd nach bin Laden und dem Talibanführer Mullah Omar übertragen wurde. Boykin ist ein christlicher Fundamentalist, der in Gottesdienstpredigten die Überlegenheit des Christentums über den Islam und den göttlichen Missionscharakter des amerikanischen Kampfes gegen den Terror verkündet.

Präsident Bush, so erzählte er einer Gemeinde in Maryland, sei von Gott gesalbt: »Warum ist George W. Bush im Weißen Haus? ... Sie müssen begreifen, dass wir als Amerikaner mit der Wahl von George W. Bush ein Wunder haben geschehen sehen. Ob Sie ihn gewählt haben oder nicht, ist unerheblich. Tatsache ist, dass er heute da ist, um nicht nur Amerika, sondern die ganze Welt zu führen, und das tut er auch. Wo beginnt er seinen Tag? Er beginnt seinen Tag

166

um 4 Uhr 30 im Oval Office mit einer Bibel in der Hand.« Auf den Vorwurf, Bush verwische die Grenzen zwischen Kirche und Staat, antwortete Boykin: »Wenn Sie nicht glauben, dass diese Nation in christlichen Überzeugungen, christlichen Wertvorstellungen gründet, dann gehen Sie hin und lesen Sie die Schriften und die Rede der Begründer dieser Nation, lesen Sie, was sie gesagt haben. Jeder von den Männern, die die Verfassung der Vereinigten Staaten unterschrieben, war christlichen Glaubens.«

Im Juni 2003 predigte Boykin in Oregon, wobei er seine Paradeuniform trug und verkündete, die radikalen Islamisten hassten die USA, »weil wir eine christliche Nation sind, weil unsere Wurzeln jüdisch-christlich sind«, während »der Feind ein Kerl namens Satan ist«. Terroristen, erklärte er, kämen aus dem »Reich der Finsternis« und seien »dämonisch«. Als er von seinen Kämpfen gegen einen muslimischen Warlord in Somalia erzählte, behauptete Boykin, sich des Sieges sicher gewesen zu sein, weil »ich wusste, dass mein Gott größer war als seiner. Ich wusste, dass mein Gott ein wirklicher Gott war und seiner ein Götze«.

In der Geschichte Amerikas finden sich Präzedenzfälle für diese Art der Unterteilung der Menschheit in Klassen; man denke etwa an jene Momente im 19. Jahrhundert, als das Oberste Bundesgericht das Motto vergaß, das über dem Eingangsportal stand und das da lautet »Gleiches Recht nach dem Gesetz«. Im Fall *Dred Scott gegen Sandford* (1857) entschied das Gericht, Afroamerikaner, egal ob Sklaven oder Freie, könnten niemals Bürger der Vereinigten Staaten sein; im Fall *Plessey gegen Ferguson* (1896) bestätigte es die Diskriminierung der Schwarzen.

Gitmo erinnert noch an einen anderen Vorgang, der vielleicht weniger gut bekannt ist. Im Jahr 1862, als weiter im Süden der Bürgerkrieg tobte, machten die Dakota Sioux einen Aufstand und griffen weiße Siedler an. General John Pope, den Präsident Lincoln beauftragte, den Aufstand niederzuschlagen, ging seine Mission mit blutrünstigem Eifer an und erklärte: »Mein Ziel ist es, die Sioux vollständig auszurotten ... Sie müssen behandelt werden wie Wahnsinnige oder wilde Tiere, unter keinen Umständen aber als Menschen, mit denen man Verträge oder Kompromisse schließen kann.« Hier sprach nicht der Geist von Gettysburg, der Geist der Sklavenbefreiung, sondern das war der Ton der Konquistadoren: Pope hing der Lehre von der »offenbaren Vorsehung« an, der zufolge die Ausdehnung des christlichen Amerikas nach Westen von Gott gewollt war und deshalb die moralische Pflicht einschloss, den »Roten Mann« zu unterwerfen oder abzuschlachten.

Pope besiegte die Sioux und machte fast 400 Gefangene, die er durch Militärtribunale pauschal aburteilen ließ – so pauschal, dass sie weder Anwälte hatten noch irgendeine Gelegenheit erhielten, etwas zu ihrer Verteidigung vorzubringen. Wie Pope selbst später schrieb, »zählte es nicht zu den Zielsetzungen [der Tribunale], das Ausmaß der Schuld festzustellen«, weil es »unmöglich gewesen wäre«, genug Zeit aufzubringen, um in jedem einzelnen Fall die Details zu klären. Er merkte aber mit Genugtuung an, »dass mindestens sieben Achtel der zum Galgen Verurteilten die empörendsten Untaten begangen haben und viele von ihnen an der Notzüchtigung weißer Frauen und der Ermordung von Kindern beteiligt waren«. Auf diese Weise wurden 303 Sioux zum Tode verurteilt, wobei allerdings Lincoln schließlich alle dieser Urteile bis auf 38 in Haftstrafen umwandelte.

Wie der frühere Militäranwalt Donald Rehkopf, der jetzt als Zivilist Verteidigerfunktionen in Guantánamo wahrnimmt, in einem für seine Anwaltskollegen bestimmten Papier feststellte, »wären unter den augenblicklichen Bedingungen die Sioux eindeutig ›Terroristen‹, eine sprachliche Neufassung ihres Status als ›Wilde‹«. Dass die Armee der USA sich weigerte, die Sioux als Kriegsgefangene zu behandeln, ist ein historisches Faktum. Wie ihre fernen Nachfolger in Guantánamo wurden sie als »unrechtmäßige Kämpfer« eingestuft.

Nicht einmal General Boykin hat sich je zu der These verstiegen, die Häftlinge in Gitmo verdienten, als Wilde oder wie Tiere behandelt zu werden. Ihre Einstufung als unrechtmäßige feindliche Kämpfer freilich war Teil einer allgemeineren Abkehr von den Normen der amerikanischen Verfassung und den Wertvorstellungen der Aufklärung. In Gitmo, in den anderen Haftanstalten des Krieges gegen den Terror im Irak und in Afghanistan wie auch in den haarspalterischen Argumentationen, mit denen die Juristen der Regierung die Anwendung der Folter zu rechtfertigen suchten, ging es der Bush-Regierung nicht darum, alte Regeln abzuwandeln, um sie einer neuen Art von Krieg anzupassen, sondern diese Regeln über Bord zu werfen und durch ein System zu ersetzen, das einem einzigen Prinzip gehorchte – dem Grundsatz, dass Amerika und sein Präsident einen gerechten Krieg führten und dass deshalb alles, was ihnen dabei von Nutzen sein konnte, auch gerechtfertigt war. Das war kein evolutionärer Prozess, es war ein schroffer Bruch mit der Tradition, der deutlich machte, dass Bushs texanischer Republikanismus zu jenen messianistischen Ideologien des 20. Jahrhunderts zu zählen ist, die der Überzeugung huldigen, dass erstrebenswerte Zwecke jedes erforderliche Mittel heiligen.

Die klarsten Formulierungen dieses Prinzips findet man in den oben, in Kapitel 3, zitierten Memoranden zur Frage der Vernehmungsmethoden und der Folter. In einem anderen Zusammenhang, der aber den gleichen Punkt berührt, im Zusammenhang nämlich mit Frankreich und Deutschland, die einen in ihren Augen rechtswidrigen Präventionskrieg im Irak ablehnten, sprach Donald Rumsfeld mit Verachtung vom »alten Europa«. Das alte Europa aber und seine Philosophen, deren Ideen die junge amerikanische Republik prägten, hatte schon vor langer Zeit die Anwendung der Folter verurteilt und deren moralische und praktische Mängel erkannt. Wie Montesquieu begriff, dass eine Trennung zwischen Exekutive, Legislative und Judikation das beste Bollwerk gegen Despotismus bildet, so begriff er auch, dass die Folter das Mittel darstellt, durch das sich eine zügellose Exekutive an der Macht hält. (Siehe, in der Epoche des George W. Bush, den Irak des Saddam Hussein.)

Wie schon Cesare Beccaria wusste, ist die Folter nicht nur verabscheuungswürdig, sie »funktioniert« auch nicht – nicht in dem Sinne, dass sie erkennbar sachgemäße Informationen lieferte. »Der einzige Unterschied zwischen der Folter und Gottesurteilen mittels Feuer und kochendem Wasser besteht darin, dass der Ausgang der ersteren vom Willen des Angeklagten abhängt, während er in letzterem Fall eine ganz und gar physische und äußerliche Angelegenheit ist: aber dieser Unterschied besteht nur dem Schein nach, nicht in Wirklichkeit«, schrieb er 1764 in seinem Traktat *Über Verbrechen und Strafen*. »Ein Mensch auf dem Rad, der sich unter der Folter krümmt, ist ebenso wenig imstande, die Wahrheit zu sagen, wie er in früheren Zeiten imstande war, ohne Täuschung die Wirkung von Feuer oder kochendem Wasser zunichte zu machen.« Je größer der Druck, um so weniger zuverlässig die Aussage: »Eben das Mittel, das angewandt wird, um den Unschuldigen vom Schuldigen zu unterscheiden, zerstört höchst wirksam allen Unterschied zwischen ihnen.« Als ein Mittel, um das zu erlangen, was in Gitmo als »ungeheuer wichtige« Informationen bezeichnet werden mochte, war die Folter ebenso untauglich: »Die Folter wird angewandt, um den Verbrecher zu zwingen, seine Komplizen zu nennen; aber wenn es, wie gezeigt, kein geeignetes Mittel ist, die Wahrheit zutage zu fördern, wie kann es dann dazu dienen, Komplizen zu entdecken, die ja Teil der gesuchten Wahrheit sind? Wird ein Mensch, der sich selbst bezichtigt, nicht noch bereitwilliger andere beschuldigen? Beccaria fand es erstaunlich, dass im ausgehenden 18. Jahrhundert Herrscher nach wie vor die Folter anwandten. Wo so viel gegen sie sprach, fand er es merkwürdig, dass die Menschheit immer noch versäumte, »die gebotenen Konsequenzen zu ziehen«.

Im alten Europa kam es sogar vor, dass Despoten aufgeklärt waren. Im Jahr 1754, ein Jahrzehnt, ehe Beccarias Buch erschien, verbot Friedrich der Große die Folter. Dass der Markgraf Karl Friedrich von Baden (1767), Gustav II. in Schweden (1772), Ludwig XIV. in Frankreich (1780), Joseph II. in Österreich (1781) und Großherzog Leopold in der Toskana (1786) die Folter abschafften, wird allgemein auf das Erscheinen von Beccarias Buch zurückgeführt. Gegen Ende des 19. Jahrhunderts gab es in Europa und in Nordamerika keine Folter mehr. Neil Beltons Buch *Die Ohrenzeugin* handelt von den Menschenrechten und von Helen Bamber, der Begründerin der Medical Foundation for the Care of Victims of Torture, einer renommierten Organisation für die Betreuung von Folteropfern, wo Tarek Dergoul behandelt wurde, nachdem er Guantánamo verlassen hatte. In diesem Buch zitiert Belton die Ausgabe der *Encyclopaedia Britannica* von 1914 mit der Feststellung: »Soweit es Europa betrifft, ist das gesamte Thema [der Folter] heute nur noch von historischem Interesse.« Wie wir wissen, stand damals das Thema auf dem Sprung, schreckliche neue Aktualität zu erlangen.

Moderne Fachleute, Psychologen und Geheimdienstler gleichermaßen, bestätigen die Wahrheit der Einsichten Beccarias. »Dass die Folter falsche Geständnisse von Unschuldigen erpressen kann, steht außer Frage«, erklärte mir Professor Gisli Gudjonsson, Fachmann für die Psychologie von Geständnissen. »Und gleichzeitig sprechen keine Forschungsergebnisse dafür, dass sie den Schuldigen wahrheitsgemäße Informationen entlocken kann.« Milton Bearden, früherer Mitarbeiter der CIA, schloss sich dem an. »Ich habe während meines Dienstes viel Zeit damit verbracht, Regierungen, die solche Techniken anwandten, zu sagen: ›Nein, nein, so machen wir das nicht.‹ Der Zweck der Folter ist letztlich die Folter. Die Methode, aus den Leuten *wirklich* Informationen herauszuholen, besteht in einem Prozess, der darauf abzielt, mit ihnen einen Handel zu schließen und sie dadurch anzuwerben.« Manchmal, erklärte ein altgedienter FBI-Spezialagent, ließen sie sich anwerben, weil man »ein Damoklesschwert hat, das man über ihnen aufhängen kann« – nicht angedrohte oder wirklich zugefügte Schmerzen, sondern eine bestimmte Information. Häufiger aber habe er Leute dadurch »umgedreht«, dass er unter großem Aufwand eine Beziehung zu ihnen aufgebaut und ihr Vertrauen gewonnen habe.

Durch die Memoranden der Juristen der Regierung, angefangen von der Stellungnahme, die Bybee am 1. August 2002 im Justizministerium vorlegte, zieht sich hingegen eine stillschweigende Überzeugung: dass die Folter und die weniger gewalttätigen Zwangsmethoden, die nicht ganz die Kriterien einer Folter erfüllen, die ideale Methode darstellen, um aus den im Krieg gegen den Terror Gefangengenommenen Informationen herauszupressen. Die gleiche Überzeugung lag der Bitte um die Genehmigung härterer Methoden zugrunde, die später im selben Jahr die frustrierten Vernehmungsbeamten von Gitmo vortrugen, wie auch dem System, das General Miller schließlich dort und in Abu Ghraib einführte. Mangels jeglicher Erfahrung mit der Art und Weise, wie man nützliche Informationen sammelt, hielten sie offenbar wie die europäischen Inquisitoren in der Zeit vor der Aufklärung die durch Folter und Zwang erpressten Geständnisse für schlechthin beweiskräftig.

Auch einem anderen Irrglauben, der unter Befürwortern der Folter als Mittel im Kampf gegen den Terrorismus ver-

172

breitet ist, hingen sie an – dem Ammenmärchen von der »tickenden Zeitbombe«, das den hypothetischen Fall eines Terroristen beschwört, der eine Bombe gelegt hat und vor ihrer Detonation festgenommen wird. (Nach dem 11. September wurde durch die Fernsehserie *24* genau solch ein Szenarium, bei dem die Guten einen Terroristen gnadenlos foltern, dem Publikum nahe gebracht.) Hier stahl Alan Dershowitz von der Universität Harvard sogar Bybee die Show, indem er schon im November 2001 in Artikeln in der *Los Angeles Time* und an anderer Stelle dafür eintrat, in solchen Fällen die Folter anzuwenden. In schätzenswerter Achtung vor dem Gesetz machte Dershowitz immerhin die eine Einschränkung, dass die Folter nicht geheim, sondern nur auf richterliche Anordnung angewandt werden dürfe.

Das Märchen von der tickenden Bombe bestimmte auch den von Moshe Landau geleiteten israelischen Parlamentsausschuss, der den allgemeinen Einsatz von Stresspositionen, Kopfverhüllung, Schlafentzug und anderen Methoden sanktionierte, die der Shin Bet gegen verdächtigte Palästinenser in den besetzten Gebieten anwendet. In keinem der Tausende von überliefern Fällen, wo Verdächtige auf diese Weise misshandelt wurden, existierte je eine solche Bombe.* Das Märchen war auch maßgebend für Bybees

---

* Bei den umfassenden Vorarbeiten zu seinem Buch *Die Ohrenzeugin* (Fischer Taschenbuch Bd. 15653), schreibt Neil Belton, sei er nur auf einen einzigen Fall gestoßen, wo sich das Szenarium der tickenden Bombe tatsächlich bewahrheitet habe: einen Vorfall in Algerien im Jahr 1956, wo die Polizei einen Kommunisten fasste, als er gerade in der Nähe eines Gasbehälters eine Bombe platzierte; die Polizei fürchtete, dass er eine zweite bereits angebracht hatte. Sie wollte den Verdächtigen foltern, aber Paul Teitgen, der Generalsekretär der Präfektur, lehnte ab. »Ich habe den ganzen Nachmittag gezittert«, erzählte Teitgen später dem Schriftsteller Alistair Horne, »und am Ende ging keine Bombe hoch. Gott sei Dank hatte ich Recht. Denn wenn du einmal mit dem Foltern anfängst, dann bist du verloren. ... Unsere ganze sogenannte Zivilisation ist nur ein dünner Firnis.«

Memorandum und die darin enthaltene Überlegung, ein der Folter angeklagter Amerikaner könne sich bei seiner Verteidigung vor Gericht darauf berufen, er habe sich selbst schützen müssen: »Die Pläne von Al Qaida schließen offenbar Bemühungen ein, chemische, biologische und atomare Waffen zu entwickeln und einzusetzen. Angesichts dessen kann ein Häftling über Informationen verfügen, dank deren die USA in die Lage versetzt werden, Angriffen zuvorzukommen, die in ihren Ausmaßen denen vom 11. September gleichkommen oder sie noch übertreffen. Verglichen mit dem Schaden, der durch die Verhinderung solch eines Angriffs abgewendet wird, muss jeder durch ein Verhör angerichtete Schaden verblassen und bedeutungslos erscheinen.« Bybee verstand sich zu der Einschränkung, dass es von den Umständen abhänge, wie weit man sich dieses Argument zu Eigen machen dürfe: Je größer die Gewissheit des Vernehmungsbeamten sei, dass ein Verdächtiger entsprechende Kenntnisse besitze, umso mehr könne er sich auf dieses Argument berufen, um die Anwendung der Folter zu rechtfertigen. Aber wie so viele andere, die sich in diesen moralischen Sumpf vorgewagt haben, hielt er sich nicht damit auf, den Fall in Augenschein zu nehmen, der am ehesten der Wirklichkeit entspricht: den Fall des Häftlings, der *vielleicht* etwas über terroristische Pläne, unter Umständen sogar einen bevorstehenden, tödlichen Angriff, weiß – *vielleicht aber auch nicht.*

Um in Guantánamo Verhöre unter Zwangsausübung zu ermöglichen, musste die Regierung die in der Verfassung der USA niedergelegten Prinzipien noch weiter aushöhlen. Zielscheibe ihrerAttacken waren das ordentliche Gerichtsverfahren und die mit ihm verknüpfte Bedingung, Beweise nur dann im Verfahren zuzulassen, wenn sie auf ordnungs-

174

gemäßem Wege beschafft worden waren, sowie die Forderungen nach Öffentlichkeit und Nachvollziehbarkeit der Rechtsprechung und nach der Möglichkeit, Urteile durch eine unabhängige richterliche Instanz überprüfen zu lassen. Bush und seine Regierung mussten mit anderen Worten sicherstellen, dass die Tribunale, die über die Gefangenen von Gitmo Recht sprachen, an Fairness die Tribunale, von denen General Pope die Sioux aburteilen ließ, nur unwesentlich übertrafen.

Die Vernehmungstechniken und die Verfahrensregeln für die militärischen Kommissionen entstanden nicht unabhängig voneinander, sondern bildeten eine logische Abfolge. »Die Verhöre und in der Tat das ganze Geschehen in Gitmo erhielten eine nachträgliche Rechtfertigung, wenn diejenigen, die die Geständnisse abgelegt hatten, wegen terroristischer Verbrechen verurteilt wurden«, erklärte Lieutenant Commander Swift, der Militäranwalt, der Salim Hamdan verteidigte. »Bei den Verhören war die Ausübung von Zwang möglich, weil die Prozessordnung der Kommission erlaubte, die angewandten Verhörmethoden geheim zu halten, und sie waren ohnehin praktisch unanfechtbar. Aber nun stecken sie in der Klemme, weil die Techniken, die geheim bleiben sollten, zur Kenntnis der Öffentlichkeit gelangt sind.« (Man könnte aber auch sagen, dass die Rechtsabteilung des Pentagon unter Leitung von Justiziar William Haynes nicht damit gerechnet hatte, dass die Anwälte, denen es die Verteidigung in Gitmo übertrug, sich als mutige Persönlichkeiten vom Kaliber eines Charlie Swift erweisen würden.)

Natürlich enthalten die Verfahrensregeln der Kommission keine Vorkehrungen gegen die Verwendung erpresster Geständnisse, und ebenso wenig gibt es einen Schutz gegen bloße Mutmaßungen. Tatsächlich konnte ein Militärtribunal in Gitmo alles als möglicherweise hilfreich in Betracht ziehen, was ein »vernünftiger Mensch« mutmaßen mochte, während die Anklage Beweismaterial aus Geheimdienstquellen nutzen konnte, von dem der Angeklagte nicht einmal Kenntnis erhalten durfte. Anders als bei normalen Gerichtsverfahren kam es bei der Kommission auch zu Regeländerungen auf Grund von politischem Druck. Um zum Beispiel dem australischen Premierminister John Howard, der seine Politik im Irak unterstützt hatte, einen Gefallen zu tun, stimmte Präsident Bush zu, dass der Angeklagte Australier David Hicks durch einen ausländischen, zivilen Verteidiger vertreten wurde und mit seiner Familie telefonieren konnte.

Tatsache sei, erklärte mir Lieutenant Colonel Fred Borch, der oberste Ankläger, dass in Ermangelung jeglicher Verfahrensregeln bei der Beweisführung die ganze Verantwortung dafür, dass den Angeklagten der vom Pentagon versprochene faire Prozess gemacht werde, auf den Schultern der Offizieren laste, die das Tribunal bildeten. »Das lässt sich nur erreichen, wenn man Leute von untadeliger Integrität hat«, erklärte er. »Warten Sie doch mal ab, bis wir den ersten Fall haben! Am Ende werden Sie dann, denke ich, zur Überzeugung gelangt sein, dass es ein faires Verfahren ist und wir recht gehandelt haben.« Major Michael Shavers, der Sprecher der Kommission, stieß in das gleiche Horn – die Verfahren würden gerecht sein, weil sie von »guten Leuten« durchgeführt würden. Auch von anderen aus dem Pentagon bekam ich das wiederholt zu hören. Auf den Begriff gebracht, lautete die Botschaft: »Vertraut uns!«

Rechtsstaatlichkeit aber, wie sie das Motto an den Toren der Juristischen Fakultät in Harvard auf den Begriff bringt, lautet »nicht nach den Menschen, sondern nach Gott und Gesetz«. Eine Tradition, die bis zur Magna Charta und noch weiter zurückreicht, hält dafür, dass der gute Wille des Einzelnen eine sehr unzulängliche Grundlage für die Rechtsprechung darstellt. Das Einheitliche Gesetzbuch für die militärische Rechtsprechung, der Kodex für Kriegsgerichte, hat diese Schwierigkeit durchaus erkannt. Angesichts menschlicher Fehlbarkeit sieht der Kodex auch für amerikanische Militärangehörige als einen der Gründe für die Revision von Verfahren, die zur Verurteilung geführt haben, den Verfahrensmangel der »widerrechtlichen Einflussnahme von Seiten Vorgesetzter« vor – wenn zum Beispiel Mitglieder eines Militärtribunals von demselben Offizier ausgewählt werden, der später ihre jährliche Beurteilung schreibt. Natürlich können Personen, die von einem Militärgericht verurteilt wurden, bei einem zivilen Gericht in die Berufung gehen. Den ursprünglichen Vorstellungen zufolge konnten die Gefangenen in Guantánamo nichts dergleichen tun. Ihre höchste Berufungsinstanz war der Oberkommandierende, Präsident Bush, dessen öffentliche Äußerungen wohl haargenau den obigen Tatbestand einer »Einflussnahme von Seiten Vorgesetzter« erfüllte. Um einer Berufung stattgeben zu können, hätte er seine eigenen Äußerungen widerrufen müssen, wie etwa die von 2003, als der britische Premierminister die Verfahrensregeln der Kommission kritisiert hatte: »Ich kann mit Gewissheit sagen, das sind böse Menschen.«

Die Kommission hatte die Befugnis, die Todesstrafe zu verhängen, ohne dass auch nur Einstimmigkeit unter den sieben Offizieren erzielt werden musste, die für die Verhandlung eines Kapitalverbrechens nötig waren. Als Gouverneur von Texas ließ Bush 152 Hinrichtungen vollziehen, mehr als jeder andere Gouverneur in der Geschichte der Vereinigten Staaten. Die Verfahrensregeln der Kommission verliehen ihm diese Macht über Leben und Tod auch in Gitmo.

Wir dürfen in Gitmo kein Einzelphänomen sehen, sondern müssen es als wichtigen Baustein in einem umstürzlerischen System verstehen, das sich gegen zwei tragende Säulen sowohl der Aufklärung als auch der amerikanischen Verfassung richtete – gegen die Abkehr von der Folter und gegen das ordentliche Gerichtsverfahren. Die Möglichkeit hierfür schuf ein weiterer Angriff auf die traditionelle Rechtsordnung – der Angriff auf die Gewaltenteilung. Alle Äußerungen und Stellungnahmen zum Krieg gegen den Terror durchzieht als roter Faden ein Thema: die unbeschränkte Macht des amerikanischen Präsidenten, in Kriegszeiten Verträge, Konventionen und Gesetze außer Kraft zu setzen. Dieses Thema schlug am 9. Januar 2002 John Yoo, damals zweiter stellvertretender Justizminister, an, als er in einem Memorandum für das Pentagon fast unmittelbar vor Einrichtung von Camp X-Ray schrieb: »Die unbeschränkte Vollmacht des Präsidenten hinsichtlich militärischer Operationen (eingeschlossen die Behandlung von Gefangenen) zu beschneiden, wäre verfassungsmäßig zweifelhaft.«

Ausführlicher wurde es in Bybees Denkschrift im folgenden August entwickelt. Nach seiner Versicherung entsprach dies von Anfang an den Absichten der Begründer der Republik; zum Beweis zitierte er die Argumente, mit denen der erste Finanzminister der USA, Alexander Hamilton, die Staaten gedrängt hatte, die Bundesverfassung anzunehmen: »Die Umstände einer möglichen Beeinträchtigung der öffentlichen Sicherheit lassen sich nicht im Vorhinein eingrenzen ... eine Beschränkung der für die Verteidigung und den Schutz der Gemeinschaft erforderlichen Machtbefugnis verbietet sich.«

Diese Machtbefugnis, so Bybee, werde vom Präsidenten ausgeübt: »Der Struktur der Verfassung zufolge findet alle Macht, die traditionell der Exekutive zufällt – wozu auch die Kriegführung und die Verteidigung der Nation zählen ... ihre Verkörperung im Präsidenten ... Entscheidungen, bei denen es um die nationale Sicherheit geht, erfordern eine Zielstrebigkeit und Tatkraft, die eher der Präsidentschaft als dem Kongress eignen.« Daraus zog Bybee kurzerhand den kühnen Schluss, dass alle parlamentarischen Ein-

schränkungen der Vernehmungstechniken oder der Anwendung von Foltermethoden gegen die Verfassung ver-
stießen: »Gesetze, die den Präsidenten daran hindern, die
Informationen zu beschaffen, die er zur Verhinderung von
Angriffen gegen die Vereinigten Staaten für erforderlich
hält, sind ebenso verfassungswidrig, wie es Gesetze wären,
durch die dem Präsidenten eine gewisse Form der Kriegführung oder bestimmte Kriegsziele vorgeschrieben würden.«

Der erste Bericht der Arbeitsgruppe des Pentagon zur
Frage der Vernehmungsmethoden bediente sich des gleichen Arguments, diesmal aber so gewendet, dass es Vernehmungsbeamten, die weisungsgemäß Gefangene folter-
ten, eine Absicherung bot: »Da diese Machtbefugnis fester
Bestandteil des Präsidentenamtes ist, wäre es für ihre Ausübung durch Untergebene am besten, wenn diese durch eine
Anweisung des Präsidenten oder in anderer schriftlicher
Form dazu ermächtigt würden.«

In dieser Interpretation der Verfassung hat die Gewaltenteilung einer neuen Form von Absolutismus Platz gemacht,
fast so etwas wie einer Präsidentschaft von Gottes Gnaden.
General Boykin haben wir bereits kennen gelernt, und die
Gottgläubigkeit des Weißen Hauses unter Bush ist akten-
kundig. Justizminister Ashcroft, zur Zeit der Abfassung der
Denkschrift Bybees Vorgesetzter, beginnt seinen Tag mit
einer Morgenandacht, zu der die ganze Belegschaft zusam-
menkommt. »Als Nation sind wir dazu berufen, die Freiheit
zu verteidigen – eine Freiheit, die uns nicht durch irgendeine
Regierung oder Urkunde gewährt wird, sondern die Gottes
Geschenk an uns ist«, erklärte Ashcroft im Februar 2002
vor dem Kongress der religiösen Rundfunksender der USA:
»Mit unserem Kampf gegen den Terrorismus verteidigen
wir im wahrsten Sinne unsere Freiheit: Wir verteidigen unser Recht, uns moralisch zu entscheiden – die Gemeinschaft
mit Gott zu suchen.« Ashcroft war sich sicher, dass es mit

Gottes Hilfe Amerika gelingen werde, seine Sendung zu erfüllen und »sich kraft des Gesetzes gegen die Barbaren zu behaupten und zivilisiert zu bleiben«.

Das System Gitmo und die Argumente, die zu seiner Rechtfertigung vorgebracht werden, deuten darauf hin, dass dieser erklärte Glaube an die göttliche Sendung von Präsident Bush mehr ist als bloße Vortäuschung. Mit ihm befindet sich Amerika in übler Gesellschaft. Die Gräuel des 20. Jahrhunderts wurden von Regimen verübt, die, wiewohl ihrem Wesen nach atheistisch, zugleich überzeugt vom heiligen Recht ihres Kampfes gegen »eine Welt von Feinden« waren und sich keiner unabhängigen Kontrolle unterwarfen. Das nationalsozialistische Deutschland zerstörte im Namen des »Führerprinzips« die Autorität der zivilen Gerichtsbarkeit, indem es besondere Tribunale für politische Verbrechen schuf und die pauschale Erlaubnis zur Anwendung von Methoden »dritten Grades« bei Verhören von Personen erteilte, die es als Regimegegner betrachtete – zu denen laut SS-Führer Heinrich Himmler Kommunisten, Marxisten, Zeugen Jehovas, Saboteure, Terroristen, Angehörige von Widerstandsbewegungen und asoziale Elemente zu zählen waren. Seit Lenin im Jahr 1902 *Was tun* veröffentlichte, mit seiner Verachtung und Ablehnung des Begriffs »Freiheit« als eines »großen Worts«, in dessen Namen »die räuberischsten Kriege geführt ... [und] die arbeitenden Schichten ausgeplündert« wurden – von diesem Augenblick an ist die Geschichte der russischen Revolution, wenn man so will, gleich bedeutend mit der Ablehnung der Gewaltenteilung zugunsten der Diktatur und seiner sowjetspezifischen Folge, des Gulag.

Amerikanische Präsidenten früherer Zeiten haben versucht, sich in Kriegszeiten solche außerordentlichen Machtbefugnisse anzumaßen; sie alle sind schließlich vom Obersten Bundesgericht in ihre Schranken gewiesen worden. Zu den berühmtesten Beispielen gehört der Versuch von Abraham Lincoln, während des Bürgerkrieges das Recht auf Haftprüfung außer Kraft zu setzen. In einem Fall, der 1967 verhandelt wurde und bei dem es um das Recht ging, gegen den Vietnamkrieg zu protestieren, stellte der Oberste Bundesrichter Warren fest: »Die ›nationale Verteidigung‹ darf ihrer Konzeption nach nicht als ein Selbstzweck angesehen werden, der jede Ausübung ... von Macht, sofern sie diesem Zweck dient, rechtfertigen kann. Der Gedanke der ›nationalen Verteidigung‹ schließt die Vorstellung einer Verteidigung der Werte und Ideale ein, die diese Nation auszeichnen.«

Eine eindrucksvolle Grundsatzerklärung gab bereits früher Richter Jackson ab, der amerikanische Ankläger in Nürnberg, der Mann, der Hermann Göring in das Kreuzverhör nahm, aus dem ich zu Anfang des Buches zitiert habe. In einer gutachterlichen Äußerung im Rahmen des Verfahrens *Youngstown Sheet and Tube Co. gegen Sawyer* erinnerte Jackson 1952 an die Verfassung der Weimarer Republik, die ihrem Präsidenten die Macht gegeben habe, »von den Rechten des Einzelnen alles und jedes außer Kraft zu setzen, falls die öffentliche Sicherheit und Ordnung ernsthaft gestört oder bedroht war. Das erwies sich als eine Versuchung für jede Regierung, gleichgültig welcher politischen Couleur, sodass im Laufe von dreizehn Jahren in über 250 Fällen von diesem Recht Gebrauch gemacht wurde. Schließlich überredete Hitler den Präsidenten Hindenburg, sämtliche Rechte außer Kraft zu setzen, und sie wurden nicht mehr wieder hergestellt.«

Solch eine Usurpation dürfe man in Amerika niemals zulassen, erklärte Richter Jackson, auch nicht in Kriegszeiten. »Der Anspruch auf eine amtseigene, unbeschränkte Macht des Präsidenten wird in der politischen Auseinandersetzung schon lange als schlagkräftiges Argument eingesetzt.« Aber »das Grundprinzip unseres freien Regiments ist es, dafür zu sorgen, ›dass wir unter dem Gesetz von keines Menschen

Gnade leben‹ – dass wir uns von jenen unpersönlichen Mächten regieren lassen, die wir das Gesetz nennen. Die Beschaffenheit unseres Staates zielt darauf, dieses Konzept so weit, wie auf humane Weise möglich, zu verwirklichen. All seiner Unzulänglichkeit, Umständlichkeit und Unbequemlichkeit ungeachtet, ist dies die einzige, von den Menschen bislang entdeckte Methode zur dauerhaften Bewahrung eines freien Regiments: dass die Regierung unter dem Gesetz steht, und dass die Gesetze mittels parlamentarischer Beratungen gemacht werden.«

Die Schöpfer des Gitmo-Systems haben diese Prinzipien fallen gelassen und das System in einer Welt etabliert, in der nichts mehr feststeht und Worte wie auch Verfassungen das Gegenteil dessen bedeuten können, was sie eigentlich bedeuten. »Wir werden uns an die Bestimmungen der Genfer Konvention halten«, bedeutet demgemäß: »Wir werden die Bestimmungen der Genfer Konvention missachten.« Die Behauptung »Häftlinge werden human behandelt« lautet übersetzt: »Häftlinge werden inhuman behandelt.« Den Anspruch des Pentagon, den Häftlingen durch Militärkommissionen einen fairen Prozess machen zu lassen, demontierte Lieutenant Commander Swift: »Stellen Sie sich ein mittelalterliches Turnier vor, von Monty Python inszeniert. Die Kommission sitzt auf einem riesigen Schlachtross, bewaffnet mit Schwert und Lanze. Ich versuche, ihnen standzuhalten, auf dem Boden stehend und mit einem Stöckchen fuchtelnd.« Und doch geschieht dies alles im Namen der Freiheit und Demokratie, für die Werte, die General Millers Gitmo-Motto beschwört: »Auf Ehre verpflichtet zur Verteidigung der Freiheit«.

Im Bewusstsein der Regierungsideologen ist die Befreiung Amerikas aus der Zwangsjacke des internationalen Rechts ein Wert an sich, Zeichen der Sonderstellung des Landes, Beweis seiner offenbaren Mission im 21. Jahrhundert. Eine Formulierung dieser Mission findet man am

Schluss von *An End to Evil: How to Win the War on Terror*, einer Polemik aus dem Jahr 2003, verfasst von David Frum, einem früheren Redenschreiber des Weißen Hauses (Autor der Rede an die Nation vom Januar 2002, in der Bush von der »Achse des Bösen« sprach) und von Richard Perle, stellvertretendem Verteidigungsminister unter Präsident Reagan und während der Planung des Gitmo-Systems Vorsitzendem des beratenden Ausschusses zu Fragen der Verteidigungspolitik im Pentagon.

Nachdem sie sich bemüht haben, mit zahlreichen Beispielen das angebliche Scheitern des internationalen Systems zu belegen, erklären sie, die Vereinten Nationen hätten »den Traum in den Schmutz gezogen«, der sie ins Leben gerufen habe: »Eine Welt in Frieden; eine Welt, die dem Gesetz gehorcht; eine Welt, in der alle Menschen ihre freigewählte Bestimmung finden können: Dieser Traum ist noch nicht Wirklichkeit geworden, und er wird auch nicht so bald Wirklichkeit werden; aber wenn er je Wirklichkeit werden sollte, dann durch die bewaffnete Macht Amerikas, die auch für seine Aufrechterhaltung wird sorgen müssen. Wir sind berufen, Gerechtigkeit auf Macht zu gründen. Das ist eine Berufung, die uns schreckliche Feinde geschaffen hat. Es ist eine Berufung, die uns in unseren besten Augenblicken zur Hoffnung der Welt hat werden lassen.«

Am 28. Juni 2004 begann das Oberste Gericht der Vereinigten Staaten, das Schwarze Loch im Rechtssystem aufzufüllen, in dem Guantánamo Bay 30 Monate lang verschwunden war. Der Hauptkläger in dem Musterprozess *Rasul gegen Bush* war kein anderer als Shafiq Rasul aus Tipton, dem sich Asif Iqbal, die Australier Mamdouh Habib und David Hicks sowie zwölf kuwaitische Mitarbeiter karitativer Organisationen anschlossen, die ihren Aussagen

nach ursprünglich von afghanischen Kopfgeldjägern gefangen genommen worden waren. Schonungslos und ohne
Umschweife zerpflückten Richter Paul Stevens und fünf seiner Kollegen das Argument, mit dem die Regierung gerechtfertigt hatte, dass sie den ausländischen Häftlingen
ihre gesetzlichen und verfassungsmäßigen Rechte verweigerte – dass nämlich das Recht auf Haftprüfung und anderen gesetzlichen Schutz, das ein Ausländer in Amerika ge-
noss, hier deshalb keine Anwendung finde, weil Gitmo von
Kuba gepachtet sei.

Der historischen Bedeutung dessen, was sie zu sagen hatten, waren sich die Richter durchaus bewusst. An die
Magna Charta erinnernd, erklärten sie: »Einkerkerungen
durch die Exekutive werden als repressiv und ungesetzlich
angesehen, seit König Johann in Runnymede sein Wort ver-
pfändete, dass kein freier Mann gefangen gesetzt, enteignet,
für vogelfrei erklärt oder verbannt werden dürfe, es sei denn
kraft eines Urteils seiner Standesgenossen oder aufgrund
der landeseigenen Gesetze.« Der Präzedenzfall, den die Regierung geltend machte, war eine Entscheidung des Obersten Gerichts aus dem Jahr 1949, durch die sechs deutschen
Spionen aus dem Zweiten Weltkrieg, die in China gefangen
genommen und dort von einem Militärtribunal verurteilt
worden waren, der Anspruch auf eine Überprüfung des Urteils nach amerikanischem Recht verweigert wurde. Nach
Stevens' Ansicht unterschied sich der Fall der Häftlinge in
Gitmo aber grundlegend von dem der Spione. Dass in
Gitmo amerikanisches Recht gelte, stehe außer Frage, und
es gebe nicht den mindesten Grund, die Anwendung dieses
Rechts von der Staatszugehörigkeit der Betreffenden ab-
hängig zu machen. »Ausländer, die auf dem Stützpunkt festgehalten werden, haben nicht weniger als die dortigen Amerikaner Anspruch darauf, die Bundesgerichte anzurufen.«
Die Entscheidung hatte unmittelbare und aus Sicht der Regierung brisante Folgen. Jeder Häftling erhielt Anspruch

darauf, die Gründe für seine Inhaftierung vor einem amerikanischen Bundesgericht anzufechten und in Gitmo mit einem zivilen Verteidiger zu sprechen.

Schon eine Woche nach Verkündung des Urteils waren beim Bezirksgericht in Washington die ersten fünf von einer vermutlich in den nächsten Monaten zu erwartenden ganzen Flut von Haftprüfungsanträgen eingegangen, und das Pentagon war gezwungen, dafür zu sorgen, dass die Häftlinge mit ihren Anwälten zusammenkommen konnten. Das erste Verfahren, *Rasul gegen Bush*, hatten das New Yorker Center for Constitutional Rights, der aus Großbritannien stammende Anwalt Clive Stafford Smith mit Unterstützung der Soros Foundation sowie die Washingtoner Filiale der großen Anwaltskanzlei Shearman and Sterling in die Hand genommen. Am Ende der ersten Juliwoche zielten bereits weitere acht Kanzleien im Auftrag von Gitmo-Häftlingen mit den großen Geschützen ihrer für die Armenrechtshilfe zuständigen Abteilungen auf die Regierung Bush.

Zuvor, im Februar, hatte das Pentagon im durchsichtigen Bemühen, das drohende Urteil des Obersten Bundesgerichts zu entschärfen, für die Gitmo-Häftlinge ein jährliches »Überprüfungsverfahren durch die Verwaltung« angekündigt; die Häftlinge sollten dabei Gelegenheit erhalten zu erklären, warum von ihnen keine Gefahr mehr ausging und man sie also freilassen könne. Ihre Vertretung durch einen Anwalt war bei diesen Anhörungen zwecks »Haftentlassung« nicht vorgesehen, wie auch die Beweise gegen sie weitgehend geheim bleiben sollten. Am 8. Juli erklärte der Stellvertretende Verteidigungsminister Paul Wolfowitz, er werde in Reaktion auf die Entscheidung des Obersten Bundesgerichts in Gitmo besondere Tribunale zur »Überprüfung der feindlichen Kämpfer« einrichten, vor denen die Häftlinge anfechten könnten, dass sie überhaupt als Häftlinge festgehalten wurden. Es war aber auf Anhieb erkennbar, dass es sich bei den Tribunalen um einen armseligen Ersatz für ein ordentliches Gericht handelte. Die Tribunale sollten nämlich auf Grundlage der Voraussetzung arbeiten, dass die Einstufung eines Häftlings als Mitglied der Taliban oder Al Qaidas wohlbegründet und dass es Sache des Häftlings war, den Gegenbeweis zu führen. Im Widerspruch zu den Tribunalen gemäß Artikel 5 der Genfer Konvention, die bei den Verfahrensregeln von CENTCOM noch vorgesehen waren (siehe Kapitel 1), ließen diese Revisionstribunale keine Vertretung durch einen Anwalt zu, sondern nur den »Beistand durch einen Militärbediensteten«.

Angesichts der nun vorhandenen Möglichkeit, einen Antrag bei einem Bundesgericht zu stellen, konnten Wolfowitz' inoffizielle Gerichte keine große Begeisterung hervorrufen. Das Oberste Bundesgericht hatte sich freilich nicht genauer darüber ausgelassen, wie die Häftlinge ihre wiedergewonnenen Rechte wahrnehmen konnten, und so eröffnete die Schaffung der Tribunale die Aussicht, dass der Streit um die Frage, was die beste Verfahrensweise war, im Morast langdauernder juristischer Auseinandersetzungen stecken bleiben würde. Die meisten Anwälte stimmten in der Ansicht überein, dass Stevens' Entscheidung den Anfang vom Ende des Gitmo-Systems bedeutete. In einem Wahljahr allerdings wollte die Regierung unbedingt vermeiden, Hunderte von Gefangenen wieder freilassen zu müssen, die sie zuvor zu den gefährlichsten Exemplaren der menschlichen Spezies erklärt hatte. Sie setzte alles daran, den Vorgang so lange wie möglich hinauszuzögern, jedenfalls aber bis nach dem Wahltag im November 2004.

Nicht nur die Einstufung der Gefangenen als feindliche Kämpfer, sondern auch die Verfahrensregeln der Militärkommissionen konnten nun vor Bundesrichtern und nicht mehr bloß vor Präsident Bush angefochten werden. »Mein Professor für Verwaltungsrecht pflegte zu sagen, dass man mit dieser Art von Recht im Schneckentempo oder im

Schweinsgalopp vorankommen kann«, erklärte Charles Swift. »Im vorliegenden Fall dürfte klar sein, dass die Regierung das Schneckentempo bevorzugt.«

Einiges spricht dafür, dass es verfrüht wäre, wegen des Urteils zugunsten der Häftlinge Freudenfeste zu feiern. In einer anderen Entscheidung, die am selben Tag verkündet wurde wie das *Rasul*-Urteil, behandelte das Oberste Bundesgericht den Fall von Yaser Hamdi, einem amerikanischen Staatsbürger, der in Afghanistan gefangen genommen worden war und den man ebenfalls als feindlichen Kämpfer auf unbestimmte Zeit inhaftiert hatte – nicht in Gitmo, sondern in einer Arrestzelle der Marine in South Carolina. Als Sprecherin der Mehrheit bestätigte in diesem Fall Richterin Sandra Day O'Connor das Recht des Präsidenten, darüber zu entscheiden, ob es sich bei jemandem um einen unrechtmäßigen oder feindlichen Kämpfer handelte; sie schloss Bemerkungen an, die den Gefangenen in Gitmo noch zu schaffen machen könnten: »Von einer Schuldvermutung im Sinne der Beweisführung der Regierung auszugehen stünde nicht im Widerspruch zur Verfassung ... wenn die Regierung glaubhafte Beweise dafür vorlegt, dass der Kläger den Kriterien eines feindlichen Kämpfers entspricht, kann es unter Umständen Aufgabe des Klägers sein, diese Beweise mit überzeugenderen Gegenbeweisen zu widerlegen.« Wie gesehen, sollten die von Wolfowitz für Gitmo geplanten Tribunale eben dieser Logik folgen. Im Zusammenhang mit Guantánamo würden die Beweise der Regierung wahrscheinlich aus dem alten, unsauberen »Informationsmaterial« bestehen, das zuerst durch unerfahrene Amateure aus den Reihen der Militärs in Afghanistan und dann durch die von Zwangsmaßnahmen begleiteten Verhöre in Kuba beschafft wurde. Aber es fällt nicht schwer, sich dieses Material vorzustellen, wie es, zu überzeugenden Beweisen aus geheimen Quellen aufgepeppt, die Mitwirkung eines Häftlings an terroristischen Aktivitäten belegt.

Wie erklärte doch Richterin O'Connor unheilkündend: »Die vollen Schutzmechanismen, auf die unter anderen Umständen ein Kläger Anspruch hat, wenn er auf Haftprüfung plädiert, könnten sich im Falle feindlicher Kämpfer als impraktikabel und unpassend erweisen.«

Während die Rechtsstreitigkeiten um Guantánamo in die nächste Runde gehen, muss man sich klar machen, dass es um viel mehr als nur um die unmittelbar anhängigen Fälle geht. Lord Steyn, der für Rechtsfragen zuständige Lord im britischen Oberhaus und eines der zwölf Mitglieder des Obersten Gerichts des engsten Verbündeten Amerikas, bezeichnete Gitmo im November 2003 als »schrecklichen Justizirrtum«, als das Ergebnis einer »zügellosen und übertriebenen Reaktion der Exekutive« auf die Angriffe vom 11. September. »Die Inhaftierung der Gefangenen in Guantánamo Bay diente und dient nach wie vor dem Zweck, sie dem Geltungsbereich des Gesetzes und dem Schutz jeglicher Gerichte zu entziehen und sie den Siegern auf Gnade und Ungnade auszuliefern«, erklärte er. »Die Frage ist, ob das Maß an Gerechtigkeit, das den Gefangenen in Guantánamo Bay zugedacht wird, den internationalen Mindestanforderungen an ein faires Verfahren genügt. Die Antwort hierauf lautet kurz und bündig ›Nein‹. Der Begriff Femegericht kommt einem in den Sinn. Er vermittelt die Vorstellung von einem vorweg entschiedenen, willkürlichen Standgericht durch ein ungesetzliches Tribunal, das jeder Gerechtigkeit Hohn spricht. Verfahren von der Art, wie sie die Regierung der Vereinigten Staaten erwägt, würden der amerikanischen Rechtsprechung zur Schande gereichen. Schlimmer wäre nur noch, wenn man die Gefangenen auf unbestimmte Zeit in ihrem Schwarzen Loch beließe.«

Wie war es möglich, dass eine amerikanische Regierung eine solche Vorgehensweise erwog und in die Tat umsetzte und dabei eben die Prinzipien mit Füßen trat, die maßgebend für die Entstehung der eigenen Nation waren? Die

Antwort muss lauten, dass Guantánamo ein Symptom anderer Schlachten ist, die um die Seele der amerikanischen Gesellschaft und die Richtung, in der sie sich entwickelt, ausgetragen werden, tiefer Konflikte, die zutreffend als ein »Kulturkampf« bezeichnet worden sind. Auf der einen Seite stehen die säkularistischen, in der Verfassung niedergelegten Prinzipien der Republik Amerika. Auf der anderen Seite steht der christliche Autoritarismus eines Boykin, Ashcroft und Bush, ein Auserwähltheitsbewusstsein, das für den Rest der Welt nur die Gerechtigkeit der theokratischen Macht Amerikas vorsieht und das in mancher Hinsicht Spiegelbild des chiliastischen Obskurantismus ist, dem Osama bin Laden in seiner geheimnisumwitterten asiatischen Höhle huldigt.

Im Fall *Bush gegen Gore*, dem Rechtsstreit um die Wahlen in Florida im Jahr 2001, sprach das Oberste Bundesgericht der letzteren Seite den Sieg zu, was manche als einen Staatsstreich auf Verfassungsbasis bezeichnet haben. Im Fall *Rasul gegen Bush* hat das Gericht der gleichen Seite eine empfindliche Niederlage beigebracht.

Aber auch wenn das Gitmo-System anfängt, in die Brüche zu gehen, bleiben die Folgekosten enorm. »Wir hatten den Anspruch, anders zu sein«, erklärte Lieutenant Commander Swift. »Wir redeten nicht nur von Fairness, wir handelten auch danach. Wir waren die Guten. In Gitmo aber sind wir es nicht. Guantánamo hat Amerika taktisch und strategisch Schaden zugefügt. Selbst wenn wir ein paar wertvolle Aufschlüsse bekommen haben, war das die Sache nicht wert. Und nehmen wir an, unter diesen 600 Häftlingen gibt es tatsächlich ein paar richtig schwere Jungs. Alles spricht jetzt dafür, dass sie am Ende freikommen werden. Wären wir anders vorgegangen, wäre das nicht passiert.«

Nicht nur der Ruf Amerikas hat Schaden gelitten. In den neunziger Jahren des zwanzigsten Jahrhunderts waren die Vertreter des internationalen Rechts eine Zeit lang von Zuversicht erfüllt: Angesichts der Tribunale in Ruanda und in Sierra Leone und der Anklage gegen Slobodan Milošević hatte es den Anschein, als sei die Staatengemeinschaft auf dem besten Weg zu einer wirksamen Zusammenarbeit im Namen der Gerechtigkeit, im Bemühen, Tyrannen und Terroristen mittels Rechtsprechung in die Schranken zu weisen. Nach Gitmo ist diese Zuversicht zerstoben.

Der konservative Autor Samuel Huntington hat die berüchtigte Devise vom »Kampf der Kulturen« ausgegeben, von einem bevorstehenden titanischen Krieg zwischen dem Westen und der islamischen Welt, der die Welt in Blut baden werde. In Guantánamo hat sich Amerika eine Reihe von Verhaltensformen und Techniken bei denen abgeschaut, die es als Feinde betrachtet. Dadurch hat es Huntingtons böse Zukunftsvision ihrer Verwirklichung ein Stück näher gebracht.

DANK

Entstanden ist dieses Buch aus einem Artikel, den ich für das Januarheft 2004 von *Vanity Fair* schrieb, und mein erster Dank gilt dem Chefredakteur der Zeitschrift Graydon Carter, der den Einfall hatte, mich zunächst einmal nach Kuba zu schicken. Dank schulde ich auch Michael Hogan, meinem jungen exzellenten Redakteur in New York, und Henry Porter, dem Chefredakteur der Londoner Ausgabe der Zeitschrift, beiden für ihre Beratung und Unterstützung. Die heimgekehrten britischen Häftlinge interviewte ich für den Londoner *Observer*, und deshalb geht mein besonderer Dank an dessen Chefredakteur Roger Alton und seinen Stellvertreter Paul Webster, die seit 20 Jahren meine Kollegen und Weggefährten sind.

Dass es zur Ausweitung und Umarbeitung dieser Artikel kam, geht auf das Konto von Colin Robinson, Cheflektor beim Verlag New Press. Ihm sage ich wärmsten Dank, ebenso wie Neil Belton, der eine britische Edition des Buches für Faber and Faber übernahm und sehr wertvolle Anregungen zum Text gab. Danken muss ich auch meinen Agenten in London (Peter Robinson) und New York (Jill Grinberg) für ihre jahrelange Geduld und Treue.

Clive Stafford Smith bin ich unendlich dankbar für seine alte Freundschaft; über weite Strecken des vorliegenden Textes hat seine Hand direkt oder indirekt der meinen die Richtung gewiesen. Als Senior Fellow der Soros-Stiftung ist er einer der Hauptbegründer eines weltweiten Netzwerks, das sich zum Ziel gesetzt hat, in Guantánamo für Gerechtigkeit zu kämpfen. Mit seiner gewohnten Freigebigkeit überließ er mir seine gesamten Kontakte und vieles andere mehr.

Auch zahlreiche andere Menschen haben mir geholfen: mit Informationen, Rat und der Lektüre von Teilen des Manuskripts. Einige kann ich nicht nennen, aber folgenden in zufälliger Reihenfolge genannten Personen möchte ich öffentlich meinen Dank aussprechen: A. Sivanandan, Don Rehkopf, Jamie Fellner, Steven Watt, Carol Rosenberg, Tammy Audi, Daryl Matthews, Tony Christino, Louise Christian, Kaveh Moussavi, Bernhard Docke, Dalia Hashad, Vaughan Lowe, Emily Whitfield, Gareth Peirce, Hussein Zahir, Michael Ratner, Tim Winter, Tom Williamson, Milton Bearden, Gisli Gudjonsson, Chris Anderson und vor allem den heimgekehrten britischen Häftlingen Shafiq Rasul, Asif Iqbal, Ruhal Ahmed und Tarek Dergoul.

Dank schulde ich ferner den Presseoffizieren der Joint Task Force in Guantánamo Bay, insbesondere Lieutenant Colonel Pam Hart und ihrem Nachfolger Lieutenant Colonel Leon Sumpter, die stets bereit waren, mir zu helfen, soweit es ihre Dienstanweisungen zuließen. Besonders würdigen möchte ich auch ein paar gute Menschen: nämlich jene Angehörigen der Militärjustiz, die das Pentagon den Guantánamo-Häftlingen als Pflichtverteidiger zuwies und die sich unerschrocken für die Belange ihrer Mandanten eingesetzt haben: Lt. Commander Charlie Swift, Major Michael Mori, Colonel Sharon Shaffer, Philip Sundel und Major Mark Bridges.

Besonders innig danke ich schließlich meiner geliebten Frau Carolyn, die ein wirkliches Baby, unseren zweiten Sohn Daniel, zur Welt brachte, als dieses hier erst noch heranreifen musste.

David Rose
Oxford im Juli 2004